이 **책만** 읽으면

나도 NIV 성경을 읽을 수 있다

이 **책만** 읽으면

나도 NIV 성경을 읽을 수 있다

국영호 지음

성서원

머리글

필자는 그동안 몇 권의 영어성경 독해를 위한 책을 냈다. 그 책들의 지문은 대부분은 NLT 영어성경에서 발췌했다. NLT의 문장들은 단문이 많고, 현대 문법을 잘 따르기 때문에 독해하기가 쉽다. 하지만 NIV 영어성경의 독해는 어렵다. NLT 영어성경에 비하면 훨씬 어렵다. 웬만한 독해 실력이 아니면 문장의 의미도 잡아내기 쉽지 않다. 그런데 우리나라 기독교인들이 가장 많이 사고 소장한 영어성경은 공교롭게 NIV 이다.

성서원 김실장을 만나서 나는 NIV 독해를 위한 영어책을 내기로 결심하였다. 가장 많이 팔리는 영어성경이 책장에서 먼지만 쌓이게 방치할 수 없기 때문이다. 그리고 필자가 주장하는 영어공부법이 이런 어려운 영어문장도 충분히 극복할 수 있다는 것을 증명하기 위해서다.

필자는 두 개의 이야기를 전하고 싶다. 하나는 나쁜 소식이고 다른 하나는 기쁜 소식이다. 먼저 나쁜 소식은 NIV는 어려워서 독해할 수 있게 되려면 시간도 노력도 많이 걸릴 수 있다. 그럼 기쁜 소식은 무엇일까? 그것은 필자가 알려주는 영어문장을 국어처럼 앞에서부터 독해하는, 순차적 해석(Direct Reading)과 문법을 명사, 형용사, 부사의 개념으로 완벽하게 이해하고 적용하면 NIV도 쉽게 독해할 수 있다는 것이다.

필자의 강의법은 공격적이다. 단순히 독해만 해서 간신히 의미만 잡아내는 정도가 아니다. 우리가 독해한 모든 문장을 우리도 충분히 영작할 수 있고 회화로 사용할 수 있어야 한다. 나가서 이것보다 더 어렵고 복잡한 문장도 영작할 수 있어야 한다. 그래서인지 몰라도 이번 책은 일부러 NIV에서 어렵다는 문장들만 뽑아서 만들었다. 피하지 않고 정면 돌파하려 한다.

NIV 영어성경 독해를 위한 책을 어떤 컨셉으로 잡고 가야 되는 문제 때문에 고민을 하였다. 이것 때문에 많은 시간이 걸렸다. 하지만 주님이 주시는 아이디어로 NIV를 충분히 볼 수 있게 하는 방법을 찾아 책을 완성하게 되었다.

필자의 신념은 변함이 없다. 국어처럼 앞에서부터 순차적으로 해석하는 DR 그리고 문법을 단 세 가지 명사, 형용사, 부사로 정리하고 이해하는 방법으로 세상의 어떤 영어문장도 해석할 수 있다. 그리고 해석한 문장을 영작과 회화로 마음껏 사용할 수 있다.

지난 20년간 성문기본영어, 성문종합영어를 강의하면서 어려고 복잡하고 문법적으로 탁월한 문장들을 거기에 다 모아놓았다고 생각을 했다. 하지만 이번에 NIV 독해 길라잡이 책을 만들면서 그것들을 능가하는 문장들이 NIV에 있음에 놀랬다. 우리 책에 등장하는 문장들을 독해할 수 있는 실력이라면 세상의 어떤 영어문장도 마음껏 독해 할 수 있다고 자부한다.

2017년 10월 10일

원고를 탈고 하면서 Calvin Cook

목차

• PART 2 •

D－25일 NIV **실전**독해훈련

프롤로그

영어성경 속에서 Calling을 듣다

영어를 짝사랑만 하다

중, 고등학교에 다닐 때 필자가 가장 좋아하는 과목은 영어였다. 지금이야 유치원 들어가기 전부터 영어를 접하는 시대가 되었지만, 그 당시에는 거의 모든 학생들이 초등학교 6학년 겨울방학이 되어서야 알파벳을 암기하고 소문자, 대문자, 필기체 등을 암기하고 〈성문기초영문법〉으로 영문법 공부를 시작하였다.

고등학교에 들어가니 영어가 너무 어려워졌다. 영어문장 해석을 제대로 하지 못하니 하루에 공부하는 지문의 양도 많지 않았다. 그리고 문법 문제들은 왜 이렇게 어려웠는지…. 그래서인지 단어와 숙어만 주구장창 암기하던 기억이 난다.

그 당시에는 서울에 소재한 대학에 진학하고자 하는 학생들은 〈성문종합영어〉를 보는 것이 정식코스였다. 물론 나도 〈성문종합영어〉를 공부했다. 그러나 이 책은 보통 어려운 것이 아니었다. 보긴 보았지만 머릿속에 남는 것은 거의 없었다.

영어를 좋아했지만 그것은 짝사랑에 불과했다. 영어는 내게 늘 냉랭하였다.

나는 미개한가?

지금은 모르겠지만 그 당시 육군은 영내에서 공부는 커녕 책도 못 보게 했다. 하지만 내가 복무하던 공군은 오히려 공부하지 않고 놀기만 하면 부대장과 간부들이 뭐라고 하는 분위기였다. 게다가 우리 부대는 대대급도 안되는데 영내에 도서관도 있었고 더울 때는 에어컨도 틀어 주었다.

이런 분위기 속에 나는 열심히 영어공부를 하였다. 아침 기상시간이 7시인데 한 시간 먼저 일어나서 그 당시 한 창 붐이었던 KBS 굿모닝 팝스도 빠짐없이 들었고 외출이나 외박을 나가면 굿모닝 팝스 교재도 구입했었다. DJ 오성식의 카랑카랑한 목소리가 지금도 기억에 남아있다.

이때 나는 〈성문종합영어〉를 다시 보기 시작하였다. 분명히 고등학생 때 5번 정도 보았는데도 너무 어렵게만 느껴졌다. 특히 장문 독해 부분을 공부할 때면 절망감이 너무 컸다. 해석이 얼마나 어려웠으면 이런 생각 까지도 들었다. '영어문장 하나 해석하기가 이렇게 어렵다 말인가? 그러면 이런 문장을 영작한 미국인들은 도대체 어떤 사람들인가? 정말 대단하다. 그들에 비하면 나는 너무 미개하지 않은가. 영어를 몇 년이나 공부했는데도 그들이 쓴 문장 하나도 제대로 해석 못하니 말이다.'

김일성은 죽고 내 영어는 살고

1993년 제대하고 대학에 복학하였다. 복학 후에 나는 늘 방학이 되면 학교 도서관에서 살다시피 하였다. 내가 들어가기 원했던 회사는 유학을 다녀와도 들어가기 힘든 곳이었기 때문에 죽기 살기로 영어공부를 하였다.

하지만 좀처럼 영어실력은 늘지 않았다. 그러던 어느 날 형이 요즘 대학가에서 유행이라면서 책을 한 권 선물해주었다. 그 책은 고려원에서 출판된 〈영어 순해〉였다. 나는 당장 도서관에서 그 책으로 공부하기 시작했다. 그런데 설명이 좀 빈약해서 저자가 직강한 강의 테이프를 구입하기로 마음먹었다. 부족한 용돈을 더욱 아껴가며 드디어 몇 달 만에 강의 테이프를 구입하였다. 저자 김영로 선생의 목소리는 저음에다 톤도 낮아서인지 듣고 있으면 졸음이 몰려오곤 하였다.

다시 여름방학이 되었고 학교에서 점심, 저녁까지 먹어 가며 공부를 하였다. 책의 진도가 반쯤 나갔을 때 머리에 망치를 맞은 것처럼 강력한 통찰을 경험하였다. 그렇게 오랬동안 나를 그렇게 괴롭혀왔던 영어의 철옹성이 한 순간에 무너진 것이다. 나는 너무 좋아서 책을 가슴에 안고 도서관 여기저기를 돌아 다녔다. 그 때 한 친구가 헐레벌떡 뛰어 오더니 "영호야! 김일성이 죽었데!"

1994년 7월8일, 김일성은 죽고 내 영어는 살아났다. 나는 그날을 영원히 잊지 못할 것이다.

거부감을 없애다

우리 몸에 다른 혈액형의 피가 들어오면 거부감이 생긴다. 이것이 심하면 심지어 죽을 수도 있다. 이 원리는 언어에도 적용된다. 우리의 모국어는 국어다. 그래서 우리의 언어 체계는 국어가 지배하고 있다. 이후에 새로 습득되는 언어들은 국어의 간섭을 받게 된다. 이 간섭이 곧 거부감이다.

거부감이 상대적으로 적은 언어들은 쉽고 빠르게 습득된다. 예를 들면 우리나라 사람들은 일본어는 쉽게 배운다. 이것은 거부감이 적기 때문이다. 하지만 영어는 상대적으로 거부감이 강하다. 너무 강해서 평생 영어를 공부해도 이것을 극복하지 못할 수 도 있다.

영어가 주는 거부감만 없애주면 우리는 영어를 쉽고 빠르게 습득할 수 있다. 그럼 이 거부감을 없애는 방법을 무엇일까?

1994년 7월8일 나의 영어가 살아난 이유가 바로 여기에 있다. 〈영어 순해〉가 말하는 것은 한 마디로 영어를 해석할 때 우리 국어처럼 앞에서부터 하라는 것이다. 영어해석을 우리 국어처럼 하면 우리의 언어체계를 지배하고 있는 국어가 영어를 친구로 받아들여 쉽고 빠르게 습득된다. 이 방법으로 충분히 연습하고 나니 성문종합영어를 국어처럼 해석하게 되었고 그것보다 더 어려운 문장들도 영작하게 되었다. 내가 미개한 게 아니라 방법을 몰랐던 것이었다.

20년 동안 훈련받다

1994년 7월 이후 나의 영어는 날개를 달았다. 그래서 그토록 원하던 곳에 취업도 하게 되었다. 하지만 그 곳에서 곧 나오게 되었다.

그 곳을 떠나 나는 외국계 회사에 취업하게 된다. 그리고 우연히 본사에서 발행한 마케팅 책들을 보게 되었다. 충격이었다. 그 당시 마케팅에 대한 개념조차도 없었던 우리나라의 실정에서 이건 완전히 다른 세상의 이야기였다. 그리고 아시아 태평양 부사장이 받는 월급의 액수를 우연히 알고 난 후, 나는 유학을 가기로 결심한다.

유학을 준비하면서 어학원에서 영어를 파트타임으로 가르치게 되었다. 그러다가 결혼을 하게 되었고, 유학의 꿈은 물거품이 되었다. 잠시 머무를 거라고 생각했던 곳에서 20년을 보냈다.

20년 동안 밤낮으로 강의를 하였다. 성문종합영어 정도는 눈 감고도 강의할 정도가 되었다. 그리고 내신, 수능영어, 각종 영어시험 대비를 위해서 수많은 문제를 만들었다. 한참 후에 알게 되었지만, 이 모든 것이 영어성경읽기 사역을 위한 광야생활이었다. 내가 한 번도 생각하지 못한 길로 그분이 나를 인도하고 계셨다.

영어성경 속에서 Calling을 듣다

나는 모태신앙이다. 이 말이 적절한 표현이 아니라고 하는 사람들도 있다. 하지만 내 믿음의 시작을 한 문장으로 표현하기엔 딱인 것 같다. 어릴 적부터 매일 성경을 읽었지만 말씀을 보다가 감동받아 울어 본적은 거의 없었다. 하지만 군 제대 후에 NLT 영어성경을 읽은 후에는 수많은 날을 울면서 지냈다. 어느 날은 말씀이 너무 뜨거워 의자에 앉지도 못하고 몇 시간을 서서 운적도 있었다.

신약 성경은 맨 처음에 국어가 아닌 헬라어로 우리에게 주어졌다. 그런데 이 헬라어를 잘 표현할 수 있는 언어는 영어다. 왜냐하면 영어의 근간이 거의 헬라어에서 왔기 때문이다. 그래서 영어의 A, B, C …를 알파벳이라고 한다. 알파 베타는 헬라어인데 말이다.

하나님의 계획은 이제 나에게 더욱 뚜렷해졌다. 영어성경에서 내가 만난 이해와 통찰을 모든 사람들이 경험하길 원하고 계신다.

요즘 많은 종류의 제자훈련과 성경공부 모임이 있다. 하지만 우리가 하나님을 알 수 있는 유일한 길은 성경이다. 그리고 이 성경은 우리에게 히브리어와 헬라어로 주어졌다. 그래서 우리는 반드시 원문 성경을 봐야 한다. 하지만 이 언어들은 고대의 언어들이라 우리가 이것을 공부해서 원문 성경을 보기란 너무 힘든 일이다. 하지만 이 원어 성경들이 디지털 시대에 들어서면서 현대 언어인 영어로 완벽하게 읽을 수 있고, 이해될 수 있게 만들어졌다. 그것도 스마트 폰만 있으면 누구나 언제든지 어디서나 바로바로 볼 수 있게 준비되었다.

이 엄청난 일을 누가 했는지는 모르지만, 그 배후에는 하나님이 계신다. 마지막 때에 하나님은 그 분의 자녀들이 원문 성경을 통해서 좌로 우로 치우치지 않고 온전하게 천국으로 들어오길 갈망하신다. 그동안에는 영어를 배우는 것이 어려워서 영어성경 읽기가 만만치 않았다. 하지만 하나님은 나에게 영어를 쉽게 배우는 방법을 알려 주셨고 20년 동안 가르치는 것을 훈련시키셨다. 이제 이 방법으로 누구나 영어를 쉽게 배워 영어성경을 읽고, 그리고 나서 원어성경 어플을 통해서 중요한 어휘와 구절을 검색할 수 있게 되었다.

이 책의 특징

이 책은 영문을 우리 말처럼 앞에서부터 해석하는 방법을 소개한다. 시중에서는 이것을 '직독직해'라고 한다. 하지만 기존의 직독직해는 한계를 가지고 있다. 이 책은 그 단점을 보완하였다. 단순히 해석만 앞에서부터 하는 것이 아니라, 영문법의 핵심인 ❶To 부정사 ❷동명사 ❸분사 ❹관계사 ❺전치사구를 앞에서부터 해석하고 영작할 수 있도록 리폼(Reform)하였다. 필자는 이것을 '순차적 해석(Direct Reading)' 이라고 명하였다. DR로 독해를 하게 되면 단순한 의미파악을 넘어서 독해한 문장의 구조가 열리게 된다. 아무리 어려운 문장도 독해가 된다. 문장 구조가 열리면 독해한 문장을 영작할 수 있는 능력까지도 자연스럽게 생기게 된다. 영작이 열리면 회화능력도 자동적으로 형성된다. DR로 독해를 하면서, 큰소리로 문장을 읽는다면 듣기 능력도 향상된다. 한 마디로 영어를 종합적으로 마스터링하게 된다.

이 책은 영문법에서 가장 중요한 ❶To부정사 ❷동명사 ❸분사 ❹관계대명사(부사) ❺전치사구를 명사, 형용사, 부사 단 세 가지의 개념으로 간단하게 정리한다. 그래서 명사, 형용사, 부사의 개념과 사용을 제대로 습득한다면 위의 5가지 주요 문법장치들이 자동적으로 해결된다. 이후로는 복잡하고 어려운 문법대신 명사, 형용사, 부사 개념을 사용하면 된다. 이런 식으로 문법을 배우면 단 몇 시간 만에도 문법이 체계적으로, 유기적으로 통합된다. 머릿속에서 통합된 문법은 독해, 회화, 영작에서 자유롭게 사용되어지고, 응용도 된다. 영문법을 이런 식으로 다룬 책은 이 책이 처음일 것이다. 이 기발한 방법을 통해서 우리나라 사람들의 영어공부의 굴레가 풀어지길 기대해 본다.

마지막으로 이 책은 설명이 쉽고 자세하게 되어있다. 누구나 혼자서 충분히 공부할 수 있게 집필되었다. 독해연습을 통해서 앞에서 배운 개념들을 문장 속에서 실전적으로 익히게 하였다. 반복적인 설명으로 저절로 중요개념이 숙지되도록 편집되었다.

그동안 영어가 어려워 포기하려고 마음먹은 사람들도 조금만 시간을 투자해 이 책으로 공부한다면 영어에 대한 자신감이 생길 것이다. 이 책이 강조하는 단 세 가지 중요개념만이라도 자신의 것으로 만들어보길 바란다. 이런 작은 시도만으로도 철옹성같이 보이던 영어 공부의 장벽이 무너지는 것을 느끼게 될 것이다. 그동안 NIV가 어려워서 방치해 두었다면 다시 손에 들길 바란다. 이 책과 함께하면 NIV를 충분히 볼 수 있기 때문이다. 이 책의 모든 내용은 쿡샘(저자)의 직강으로 볼 수 있다. 모든 장(章)마다 있는 QR 코드를 스마트기기로 읽으면 된다. 그럼 24시간, 어디서나 시청할 수 있다. 특히, 출, 퇴근하는 승용차, 버스, 지하철 안에서 시청한다면 막연히 버려지던 시간들이 값진 보람으로 돌아올 것이다.

이 책으로 공부하는 방법

이 책을 효율적으로 공부하는 방법을 소개한다. 아래의 방법대로 공부한다면, 어려운 NIV도 쉽게 읽을 수 있다. 책장에서 먼지만 쌓이던 NIV를 꺼내 이제 읽자. NIV의 멋진 문장들을 고통이 아닌 기쁨으로 만나게 될 것이다.

1. 국어처럼 앞에서부터 해석하는 순차적 해석(DR)을 철저하게 이해하고 문장에서 실제로 적용할 수 있도록 하라. 뒤부터, 중간부터 거슬러 올라오는 해석으로는 간신히 의미도 잡아 낼 수 없다.

2. 초반부터 나오는 명사, 형용사, 부사의 개념을 확실하게 암기해야 한다. 중요개념이 머리를 거치지 않고 입에서 줄줄 나올 때까지 연습해야 한다. 이것이 안 되면 NIV의 어려운 문장들을 즐길 수 없게 된다. 매일 암기하라. 어떤 상황에서도 까먹지 않게 하라.

3. 영문법의 핵심인 ❶To부정사 ❷동명사 ❸분사 ❹관계대명사/부사 ❺전치사구를 명사, 형용사, 부사의 개념으로 이해하라. NIV의 어려운 문장들로 결국은 위의 5가지로 만들어졌다. 문장에서 위의 5가지만 이해하면 된다.

4. 쉬운 문장으로 독해연습을 할 때 철저하게 하라. 위의 5가지 핵심 문법 장치들이 문장에서 완전히 적용될 때까지 연습하라. 정확한 해석이 빨리 나올 때까지 연습하라. 독해는 반드시 이 책에서 필자가 설명하고 있는 DR(순차적 해석)으로 해야 한다. 자신의 방법대로 하면 안 된다. 혼자서 독해를 해본 후에는 필자가 해놓은 해석풀이대로 되었는지 반드시 점검하라.

5. 처음에는 DR로 해석하는 것이 낯설고 이상하게 보일 수 있

다. 하지만 우리가 영어 문장을 청취할 때도 들려준 만큼, 들은 만큼만 앞에서부터 이해하는 것이다. 세상의 어떤 언어도 뒤부터 말해지거나, 쓰이지 않는다. 시간이 좀 지나면 오히려 DR이 주는 쉬움과 편안함에 푹 빠질 것이다.

6. 각 장에는 QR코드가 있다. 스마트기기로 QR코드를 읽으면 저자의 직강을 바로 볼 수 있다. 저자의 직강을 보면서 저자가 강조하는 부분에 집중해보길 바란다. 이것만 해도 놀라운 발전을 경험하게 될 것이다. 스마트 폰만 있다면 언제 어디서나 강의를 볼 수 있다. 의지가 약해서 혼자 공부하기 힘든 사람들은 강의를 틀어놓는 것만으로도 도움이 될 것이다.

왜 영어 성경을 읽어야 하는가?

성경은 하나님의 말씀이다. 요한복음 1:1은 말씀(The Word)이 만물을 창조하였고, 창조된 모든 것에 생명을 공급한다고 말하고 있다. 그러므로 생명으로 충만한 삶을 살기 위해서는 하나님의 말씀이 매일 공급되어져야 한다.

매일 성경을 보는 기독교인들이 많지 않다. 여러 가지 이유가 있겠지만 성경을 읽어도 이해와 통찰을 경험하지 못하기 때문일 것이다. 이해와 통찰이 없는 성경 읽기는 지겨움과 싫증만을 대면하게 한다. 이런 상태라면 지속적으로 성경을 읽게 하는 마음의 동력(動力)은 기대하기조차 힘들게 된다. 부드럽고 세밀한 하나님의 음성을 듣는 일에서 요원해질 뿐이다.

특히, 어린이나 청년들이 이해와 감동 없이 의무적으로 성경을 읽는 일은 죽을 맛일 것이다. 블랙커피를 처음 마실 때를 생각해 보라. 처음에 그 쓴맛에 놀라서, 사람들이 이런 걸 왜 마시는지 의아해했을 것이다. 하지만 커피 맛을 제대로 알게 된다면, 쓴맛 뒤에 숨어있는 쉽게 질리지 않는 신비한 단맛을 만나게 된다. 이 맛을 경험한 이후로는 설탕과 시럽이 가미된 커피를 피하게 된다. 성경 읽기의 참맛을 느끼기 위해서는 이해와 통찰을 경험해야 한다. 성경을 통해서 은밀하고, 세밀하게 말씀하시는 하나님을 만나야 한다. 그분의 음성을 듣고 난 후에는 성경을 보지 않고서는 하루도 지날 수 없게 된다.

지금까지 한글성경을 읽었지만, 이 신비한 맛을 경험하지 못한 사람들에게 필자는 영어성경 읽기를 권한다. 통찰과 은혜를 넘어 영어공부에도 많은 도움이 되기 때문이다. 기대 이상의 매력과 감동도 있다. 필자도 어릴 적부터 한글성경을 읽었지만 의무적으로 읽은 것이 다였다. 가슴 속 깊이 밀려오는 전율을 느낀 적이 거의 없었다. 하지만 군대를 제대하고 우연히 만나게 된 영어성경(NLT)을 만난 후 말씀이 내 속에서 살아 움직이며 영혼과 관절과 골수를 쪼개는 능력을 경험하였다.

영어는 헬라어에서 유래하였다. 영어의 철자, 단어, 문법, 문장 구조의 뼈대는 헬라어(Greek)이다. 헬라어의 의미를 가장 잘 풀어낸 언어는 영어다. 하나님께서는 신약성경을 우리에게 헬라어로 주셨다. 원어 성경은 하나님의 놀라운 계획과 은혜를 고스란히 담고 있다. 하나님께서 그분의 자녀들에게 주시고자 하는 구체적인 말씀과 적용방법까지 고스란히 내포하고 있다. 영어성경을 읽게 된다면 헬라어 성경을 영어로 완전히 풀어낸 놀라운 자료들[1]을 볼 수 있게 된다. 방대한 양을 아주 편하고 쉽게 접근하게 만들어놓았다. 성경을 단순히 읽는 것과 각 말씀의 의미가 구체적으로 이해되는 것은 차원이 다르다. 잠언 8장에 등장하는 모든 부와 명예와 영광을 가져다주는 '지혜'의 헬라어적 의미는 'to know clearly'이다. 즉, '명확하게 구체적으로 알다'이다. 말씀이 구체적으로 다가오면 생각이 변하고, 생각이 변하면 행동이 변하고, 행동이 변하면 삶이 변화되고 삶이 변화되면 새로운 피조물이 된다. 이것이 바로 로마서 10:2에서 말하는 새로운 사람으로

1 세미나와 강연을 통해서 사용법을 쉽고, 자세하게 알려 줄 예정이다.

변화시키는(transforming) 방법이다.

영어공부에 매여 주일 성수하기도 힘든 중, 고등학생들, 선교를 준비하고 있는 예비 선교사들, 매주 설교말씀을 준비해야 되는 목회자들에게 영어성경 읽기는 희소식이 아닐 수 없다. 학생들은 영어성경을 가지고 충분히 영어공부를 할 수 있다. 요즘은 스마트폰 앱을 통해서 영어성경듣기 서비스도 제공하므로 듣기훈련도 할 수 있다. 예비 선교사들은 영어성경을 많이 읽어야 한다. 한글성경과 영어성경의 등장인물과 지명들의 발음이 서로 다르기 때문이다. 또한 성경내용을 영어로 표현할 수 있다면 선교하는 데 많은 도움이 될 것이다. 사역자들에게도 영어성경 읽기는 많은 도움이 될 것이다. 영어독해가 가능해지면 다양한 영어성경 사이트와 앱을 통해서 설교준비에 필요한 자료(주석, 헬라어사전, 히브리어사전, 이미지, 동영상, 파일)들을 충분히 얻을 수 있기 때문이다. 또한 인터넷 서점 아마존이 제공한 스마트폰 앱(킨들: Kindle)을 통해서 수백만 권의 책들을 나의 스마트 폰 속에 소장할 수 있게 된다. 이곳으로 여러분을 초대한다.

PART 1

D – 25일 NIV **단문**독해훈련

DAY 1

영어문장은 어떻게 만들어 지나?

영어 문법과 독해의 시작은 단어(word), 구(phrase), 절(clause)의 이해다. **단어, 구(phrase), 절(clause) 각각의 모양은 서로 다르지만 문장 속에서 사용되는 방법은 똑같다.** 즉, 단어가 문장 속에서 사용되는 방법을 이해한다면 구(phrase)와 절(clause)이 문장 속에서 사용되는 방법도 자동적으로 알게 된다. 현재의 어른들이 중1 때는 영어가 쉽다고 생각했다. 왜냐하면 그 당시 중1 교과서에서 나오는 영어문장들 대부분은 단어만 가지고 만들어졌기 때문이다. 하지만 중2 때부터 To부정사, 동명사, 분사, 관계사가 등장하면서 급속도로 영어가 어렵게 느껴지기 시작한다. 그래서 다양한 영어참고서들을 보았지만 이것에 대한 해결은 여전히 요원했다. 그리고 끝내 영어는 난공불락의 요새가 되어 버린다.

이 책은 영문법에서 가장 중요한 ❶To부정사 ❷동명사 ❸분사 ❹관계사 ❺전치사구를 단 세 가지 명사, 형용사, 부사의 이해로

풀어낸다. 이제부터 우리가 이것만 제대로 공부한다면, 단 며칠 안에도 난공불락의 영문법이 무너지는 놀라운 일을 경험하게 된다. 영문법이 해결되면 독해, 회화, 영작의 벽도 도미노처럼 무너질 것이다. 필자도 1994년 7월 8일에 이것을 경험하였다. 지금부터 이야기 되는 것에 귀를 기울인다면, 여러분도 필자가 경험한 놀라운 일을 경험하게 되리라 확신한다.

1. 단어(word): 단어는 문장구성의 가장 기초 단위이다. 우리가 흔히 알고 있는 I, go, love, church 등이 단어이다. 현재 지구상에는 백만 개가 넘는 영어 단어가 존재한다. 하지만 이 많은 단어들은 8가지 범주로 나눌 수 있다. 이것을 다른 책에서는 8품사라고 한다. 이 책에서는 더 줄여서 단 4가지 범주(동사, 명사, 형용사, 부사)만 이야기하고 가르친다. 나머지는 4개는 하다 보면 저절로 알게 된다. 저절로 알게 될 것을 고생하며 배울 필요는 없다.

Cook`s Note

단어의 종류(범주)에는 동사, 명사, 형용사, 부사가 있다. 수만 개의 영어단어들이 동사, 명사, 형용사, 부사 이렇게 4가지 카테고리(category) 안에 속한다. 우리는 이 4가지만 정확히 이해하고 숙지하면 된다.

단어의 종류(범주)에는 동사, 명사, 형용사, 부사가 있다. 수만 개의 영어단어들이 동사, 명사, 형용사, 부사 이렇게 4가지 카테고리(category) 안에 속한다. 우리는 이 4가지만 정확히 이해하고 숙지하면 된다.

2. 구(phrase): 구(phrase)는 2개 이상의 단어로 구성된 것을 의미한다. 예를 들면 in the park (공원에서), to go (to 부정사), going there(분사) 이런 것들이 구(phrase)이다. 단어가 2개 이상 결합하여 의미(meaning)를 가지는 문장 장치이다. 구(phrase) 또한 단어처럼 명사, 형용사, 부사로 사용된다. 그 사용이 단어의 그것과 똑같다.

3. 절(clause): 절(clause)도 구(phrase)처럼 2개 이상의 단어로 구성된다. 하지만 절은 구와 다르게 반드시 주어+동사의 형식을 갖춘다. 예를 든다면 what you want의 문장처럼 주어(you)+동사(want) 구조를 취한다. 이것이 절이다. 여기서도 중요한 것은 절(Clause)도 단어(word), 구(Phrase)와 마찬가지로 명사, 형용사, 부사로 사용된다. 한마디로 단어, 구, 절은 똑같이 명사, 형용사, 부사로 사용된다. 이 단순한 개념이 영문법을 정복하는 강력한 힘이 된다.

DAY 2

단어만 가지고 만드는 문장

무료강의

영어문장의 시작은 단어이다. 단어만 가지고 문장을 만들 수 있다. 이때는 구조가 간단하다. 그래서 누구나 영어를 쉽다고 생각한다. 해볼 만하다고 여긴다.

영어문장은 단어만 가지고도 만들 수 있다. 각각의 단어들이 의미를 전달할 수 있는 문장이 되기 위해서는 **반드시 주어(S)+동사(V)의 구조**를 취한다. 그런데 이 구조가 우리말과 다르다. 우리 국어는 동사(서술어)가 문장의 맨 마지막에 나온다. 하지만 영어는 동사(서술어)가 주어 바로 다음에 온다. 이 차이점을 빨리 극복해야 한다. 우리가 영어를 어려워하는 이유 중에 하나가 바로 이것이다. 그리고 긴 문장이 필요 없는 영어회화에서는 주어+동사만 자신 있게 던져도 문장이 된다. 굳이 긴 문장을 만들려고 애쓸 필요가 없다. 주어+동사만 정확히 던져도 의미가 통한다. 오히려 긴 문장이 정확도가 떨어질 수 있다.

Cook`s Note

단어로 영어문장을 만들기 위해서는 반드시 주어+동사의 구조를 취해야 한다.

해석연습 모든 해석을 DR로 하시면 쉽고, 편하게 독해를 할 수 있습니다.

1. God created the heavens and the earth.

⇨ ______________________________.

2. And the earth was waste and empty.

⇨ ______________________________.

3. God separated the light.

⇨ ______________________________.

4. She opened it and saw the baby.

⇨ ______________________________.

해석 및 풀이

1. God	created	the heavens and	the earth.
하나님은	창조하셨다	하늘들과	땅을.

녹색 글씨로 된 주어 + 동사가 눈에 들어와야 한다. 주어+동사

가 문장의 중심이다.

2. And the earth was waste and empty.
그리고 땅은 황폐하였고 공허하였다.

waste와 empty는 형용사로서 Be동사[1] was의 보어로 사용되었다.

3. God separated the light.
하나님은 분리하셨다 그 빛을

God는 문장의 주어, separated가 동사이다. the light는 동사 separated의 목적어로 사용되었다.

4. She opened it and saw the baby.
그녀는 열었다 그것을 그리고 보았다 그 애기를.

접속사 and를 통해서 주어+동사가 또 나오고 있다. saw 앞에 주어 she가 생략되어 있다.

---

1 우리가 잘 알고 있는 am, are, is 등의 동사를 통틀어 Be동사라고 부른다. Be동사 혼자서는 그 의미를 정확히 전달 할 수 없다. 다음 예문을 보자. EX He is. 이 문장의 의미를 알 수 있는가? 그래서 Be동사 다음에는 반드시 보어가 와야 한다. 보어가 될 수 있는 것은 명사, 형용사뿐이다. 다음의 예문을 보자. EX ① He is a preacher. ② He is holy. 명사 보어 a preacher와 형용사 보어 holy가 붙으니 그 의미가 정확해진다. 해석은 ①그는 설교자이다. ②그는 거룩하다.

Cook`s Tip

기초가 없다고 생각되는 사람들은 위의 예문들을 큰 소리로 읽어야 한다. 위의 문장들을 정확하고 빠르게 막힘없이 읽을 수 있을 때 까지 연습한다. 주위에 사람들이 '와우~ 잘 읽는데!'라고 할 때 까지 해야 한다. 다른 어떤 것보다 이것을 반드시 먼저 해야 한다. 용기를 가지고 시작한다. 처음에는 더디고, 힘이 들지만 점점 빨라지면서 익숙해질 것이다. 매일 예문들을 큰소리로 읽는다. 입에서 줄줄 나올 때까지 읽는다. 그렇게 되면 영어와 친해지기 시작하면서 영어에 대한 두려움이 사라지기 시작한다. 어느 날 입이 근질근질하여 영어문장이 입에서 흘러나올 것이다.

Reading Practice With NIV

1. I will proclaim the Lord's decree: He said to me, "You are my son."

⇨ ______________________________________ .

2. I call out to the Lord, and he answers me.

⇨ ______________________________________ .

3. Lord, you hear my voice; in the morning I lay my requests.

⇨ ______________________________________ .

4. Surely, Lord, you bless the righteous; you surround them.

⇨ ______________________________________ .

5. The Lord has heard my cry for mercy; the Lord accepts my prayer.

⇨ ____ .

Reading Practice With NIV

(해설)

1. I will proclaim the Lord's decree: He said to me, "You are
나는 선포할 것이다 주님의 명령을. 그는 말했다 나에게, "너희는
my son."
이다 나의 아들."

2. I call out to the Lord, and he answers me.
나는 외쳤다 주님께 그리고 그는 응답했다 나에게.

3. Lord, you hear my voice; in the morning I lay
주님, 당신은 듣습니다 나의 목소리를 아침에 나는 둡니다.
my requests.
나의 요구를.

4. Surely, Lord, you bless the righteous; you
확실히, 주님, 당신은 축복합니다 의로운 사람들을, 당신은
surround them.
에워쌉니다 그들을.

5. The Lord has heard my cry for mercy; the Lord
주님은 듣습니다 나의 부르짖음을 위한 자비를, 주님은
accepts my prayer.
받습니다 나의 기도를.

DAY 3

명사의 이해

무료강의

명사의 원래 정의는 '사물의 이름'이다. 하지만 오늘부터는 명사의 역할에 집중해야 한다. 명사의 역할은 문장에서 주어, 목적어, 보어가 된다. 앞으로 명사라는 말을 듣게 되면 무조건 주어, 목적어, 보어가 떠올라야 한다.

명사가 주어로 쓰일 때는 문장 맨 앞에 온다. 문장 맨 앞에 오는 것은 대부분 주어이다. 부사도 문장 맨 앞에 올 수 있지만 말이다. 주어의 해석은 '은, 는, 이, 가'로 단순하게 하면 된다. 주어가 끝나면 자신 있게 '은, 는, 이, 가'를 외치면 된다.

명사가 목적어로 쓰일 경우는 동사 다음에 온다. 동사 다음에 오는 것은 오늘부터 무조건 목적어로 간주하라. 목적어의 해석은 단순하게 '을, 를'로 하면 된다. 목적어가 끝날 때 자신 있게 '을, 를'을 붙여라.

명사가 Be동사 다음에 올 때는 보어(보충해주는 말)라고 한다.

Be동사는 단독으로는 의미를 전달할 수 없다. 그래서 항상 보어(보충해주는 말)가 필요하다. 명사가 보어로 사용될 때는 해석을 '~것, ~이다'라고 하면 된다. 다음 장에서 배우겠지만 형용사도 보어로 쓰이기 때문에 명사의 보어와 구별할 수 있는 힘을 길러야 한다.

위의 설명을 정리하면 아래와 같다.

명사의 실제적 사용

❶ **주어 문장** 맨 앞에 온다. / 해석은 : '은, 는, 이, 가'로 한다.

❷ **목적어** 동사 다음에 온다. / 해석은 : '을, 를'로 한다.

❸ **보어** Be 동사[1] 다음에 온다. / 해석은 : '~것, ~이다.'

Cook`s Note

위의 개념을 철저히 암기해야 한다. 머리를 거치지 않고 입으로 줄줄 나올 때 까지 해야 한다. 그렇지 않으면 앞으로 계속 영어가 어렵게 된다. 특히 해석하는 방법을 철저히 암기해야 한다. 그럼 독해, 영작, 회화에서 절대적인 능력이 발휘될 것이다.

---

1 (반복) 우리가 잘 알고 있는 am, are, is 등의 동사를 통틀어 Be동사라고 부른다. Be동사 혼자서는 그 의미를 정확히 전달 할 수 없다. 다음 예문을 보자. EX He is. 이 문장의 의미를 알 수 있는가? 그래서 Be동사 다음에는 반드시 보어가 와야 한다. 보어가 될 수 있는 것은 명사, 형용사뿐이다. 다음의 예문을 보자. EX ① He is **a preacher**. ② He is **holy**. 명사 보어 a preacher와 형용사 보어 holy가 붙으니 그 의미가 정확해진다. 해석은 ①그는 설교자이다. ②그는 거룩하다.

해석연습 모든 해석을 DR로 하시면 쉽고, 편하게 독해를 할 수 있습니다.

1. Moses and Aaron returned to Egypt.

⇨ ______________________________________ .

2. You must never eat any fat or blood.

⇨ ______________________________________ .

3. I am the first and I am the last.

⇨ ______________________________________ .

해석 및 풀이

1. Moses and Aaron returned to Egypt.
모세와 아론은 돌아왔다 애굽으로.

Moses and Aaron 문장 맨 앞에 왔기 때문에 주어이다. 해석은 주어가 끝날 때 '은, 는, 이, 가'를 붙이면 된다.

2. You must never eat any fat or blood.
너희는 결코 안 된다 먹어서는 어떤 지방이나 피를.

any fat or blood는 동사 eat 다음에 왔기 때문에 목적어로 사용되었다. 목적어가 끝나는 시점에서 '을, 를'을 붙이면 된다.

3. I am the first and I am the last.
나는 이다 처음 그리고 나는 이다 마지막.

the first와 the last는 Be동사 am 다음에 왔기 때문에 보어다. 해석은 보어가 끝날 시점에서 '~것, ~이다'를 붙이면 된다.

Reading Practice With NIV

무료강의

1. You have set your glory in the heavens.

⇨ ______________________________ .

2. You have rebuked the nations and destroyed the wicked.

⇨ ______________________________ .

3. The Lord is a refuge for the oppressed, a stronghold in times of trouble.

⇨ ______________________________ .

4. The nations have fallen into the pit they have dug; their feet are caught in the net they have hidden.

⇨ ______________________________ .

5. In his pride the wicked man does not seek him; in all his thoughts there is no room for God.

⇨ ____.

6. He observes everyone on earth; his eyes examine them.

⇨ ____.

7. Oh, that salvation for Israel would come out of Zion!

⇨ ____.

Reading Practice With NIV

(해설)

1. You have set your glory in the heavens.
너희는 두었다 너희의 영광을 하늘에.

2. You have rebuked the nations and destroyed the wicked.
너희는 비난했다 그 나라들을 그리고 부셨다 악한 자들을

3. The Lord is a refuge for the oppressed, a stronghold
주님은 이다 피난처 위한 억압받는 자들, 요새이다

in times of trouble.
그 때에 고난의

Be동사 is의 보어로 a refuge와 a stronghold가 왔다. 이런 구조에 익숙해야 한다.

4. The nations have fallen into the pit they have dug;
그 나라들은 떨어집니다 안으로 구덩이 그들이 파놓은;

their feet are caught in the net they have hidden.
그들의 발들은 잡힌다 그물에 그들이 숨겨둔.

the pit 다음에 관계대명사 that이 생략되어져 있다. 이것은 곧 배운다. 관계대명사의 해석은 동사부분을 '는, 던'으로 하면 된다.

the net다음에도 관계대명사 that이 생략되어 있다.

5. In his pride the wicked man does not seek him; in all
에서 그의 자존심 악한 사람은 찾지 않는다 그를; 에서 모든

his thoughts there is no room for God.
그의 생각들 없다 어떤 여지도 향한 하나님을.

6. He observes everyone on earth; his eyes examine them.
그는 지켜보신다 모든 사람을 이 땅에; 그의 눈은 관찰하신다 그들을.

7. Oh, that salvation for Israel would come out of Zion!
오호, 그 구원은 위한 이스라엘(이것은) 옵니다 에서 시온.

주어가 2단어 이상이면 주어인식을 해준다. 주어가 사람이면 '이 사람은' 사물이면 '이것은'이라고 하면 된다. 문장이 복잡해질수록 주어를 인식을 해주는 것이 하는 매우 중요하다.

DAY 4

형용사의 이해

무료강의

형용사는 원래 사물의 특징, 특색을 표현한다. 하지만 이제부터는 형용사의 역할에 집중해야 한다. 형용사는 명사를 수식하고, 명사처럼 보어로 사용된다.

형용사가 명사를 수식할 때는 앞과 뒤에서 한다. 형용사 혼자서 꾸밀 때는 명사 앞에서, 2개 이상의 단어로 구성된 형용사로 꾸밀 때는 명사 뒤에서 한다. 나중에 구와 절에서 배우겠지만 구(phrase)와 절(clause)은 태생부터 2단어 이상으로 구성되기 때문에 명사 뒤에서 수식한다. 해석은 수식이 끝나는 시점에서 '~는,~던'를 붙이면 된다.

형용사도 보어로 사용될 수 있다. 형용사가 Be동사 다음에 오면 보어로 사용된 것이다. 해석은 명사의 보어와는 다르게 다양하게 된다. 아래 정리 된 도표에서 'will, must, want'라고 쓴 것은 나중에 형용사 보어로 사용될 때를 미리 공부하기 위해서다.

위의 설명을 정리하면 아래와 같다.

형용사의 실제적 사용

❶ **명사수식** 명사 앞 or 뒤에 온다 / 해석은 '~는, ~던'으로 한다.

❷ **보어** Be 동사 다음에 온다 / 해석은 'will, must, want'로 한다.

Cook`s Note

To부정사, 관계대명사, 관계부사도 형용사로 사용된다. 이런 장치들은 필연적으로 단어를 2개 이상 가지게 되므로 반드시 명사 뒤에서 수식한다.

EX

1. Bring me something to drink. ⇨ 가져다 주세요 저에게 뭔가 마실 것을(To부정사 'to drink'는 단어가 2개 이상이므로 명사 'something' 뒤에서 수식한다)

2. I met a girl who lived there. ⇨ 나는 만났다 한 소녀를 살았던 그곳에. (관계대명사절 'who lived there'은 단어가 2개 이상이므로 명사 'a girl' 뒤에서 수식한다)

해석연습 모든 해석을 DR로 하시면 쉽고, 편하게 독해를 할 수 있습니다.

1. He will enjoy a long life.

⇨ ______________________________.

2. Be fruitful and multiply.

⇨ ______________________________.

3. There was a wealthy and influential man.

⇨ ______________________________.

해석 및 풀이

1. He will enjoy a long life.
그는 누릴 것이다 장수를.

'long' 단독으로 명사 life를 수식하고 있다. 형용사가 혼자서(단독으로) 수식할 때는 명사 바로 앞에서 수식한다. 이때 해석은 단어 고유의 의미에 맞게 하면 된다.

2. Be fruitful and multiply.
되어라 풍성하게 그리고 번성하라.

fruitful이 Be동사 다음에 왔기 때문에 보어로 사용되었다. 해석은 단어 고유의 의미에 맞게 하면 된다.

3. There was a wealthy and influential man.
있었다 부유하고 그리고 영향력 있는 사람이.

형용사 wealthy와 influential이 명사 man을 수식하고 있다. 이런 경우 2단어 이상이 명사 man을 수식하고 있으므로 수식의 원칙[1]에 의해서 뒤에서 수식해도 된다. ⇨ a man wealthy and influential.

1 영어에서 수식의 원칙이란? 혼자서(단독으로) 꾸밀 때는 명사 바로 앞에서, 2개 이상의 단어로 수식할 때는 명사 뒤에서 수식하는 것을 말한다. 형용사적으로 쓰이는 To부정사, 전치사구, 관계대명사, 관계부사는 이 원칙에 따라서 명사 뒤에서만 수식을 한다. EX the girl **to be** in the room(To부정사), the girl **in the room**(전치사구), the girl **who** is in the room(관계대명사)

Reading Practice With NIV

무료강의

1. The lions may grow **weak** and **hungry**.

⇨ ______________________________________ .

2. I will be **glad** and rejoice in you; I will sing the praises of your name, O Most High.

⇨ ______________________________________ .

3. The Lord is in his **holy** temple; the Lord is on his **heavenly** throne.

⇨ ______________________________________ .

4. For the Lord is **righteous**, he loves justice; the **upright** will see his face.

⇨ ______________________________________ .

5. You, Lord, will keep the needy safe and will protect us forever from the wicked.

⇨ ____ .

6. But I trust in your unfailing love; my heart rejoices in your salvation.

⇨ ____ .

Reading Practice With NIV

(해설)

1. The lions may grow weak and hungry.
그 사자들은 아마도 점점된다 약하고 그리고 배고프게.

동사 grow는 성장하다, 자라다의 의미로 주로 사용되지만, (상태가) '점점 조금씩~ 되어 가다'의 의미로도 사용된다.

2. I will be glad and rejoice in you; I will sing
나는 될 것이다 즐겁게 그리고 기쁘게 안에서 당신; 나는 노래할 것

the praises of your name, O Most High.
것이다 그 찬양을 당신의 이름의, 오 가장 고귀한

3. The Lord is in his holy temple; the Lord is on
주님은 계신다 안에 그의 거룩한 성전; 주님은 게신다 위에

his heavenly throne.
그의 하늘 왕좌에.

4. For the Lord is righteous, he loves justice;
왜냐하면 주님은 공의롭기 때문에, 그는 좋아하신다 정의를;

the upright will see his face.
정직한 사람들은 볼 것이다 그의 얼굴을.

For 다음에 〈주어+동사〉 구조가 오면 접속사로 사용된 것이며 해석은 Because로 하면 된다.

5. You, Lord, will keep the needy safe and will protect
당신, 주님은, 지킵니다 궁핍한 자들이 안전하게 그리고 보호합니다

us forever from the wicked.
우리들 영원히 부터 악한 자들.

〈the+형용사〉는 〈형용사+people〉로 해석한다.

ex) the old=old people,

the sick=sick people

6. But I trust in your unfailing love; my heart rejoices
그러나 나는 신뢰한다 당신의 무한한 사랑을; 나의 마음은 기뻐한다

in your salvation.
에서 당신의 구원.

DAY 5

부사의 이해

무료강의

부사도 이제부터는 개념보다는 그 사용과 역할에 집중해야 한다. 부사는 문장 속에서 형용사, 동사를 수식한다. 또한 문장 전체를 수식할 때도 쓰인다. 부사 고유의 특징도 알아야 한다. 부사는 명사와 형용사와는 다르게 위치의 제약을 받지 않고 문장 어디(문장 맨 앞, 중간, 맨 뒤)에나 올 수 있다. 부사의 특징만 이해하고 사용한다면 영어문장을 쉽게 해석할 수 있고, 우리도 멋진 문장을 영작할 수 있게 된다. 부사의 개념을 철저히 이해하고 숙지하기 바란다.

위의 설명을 정리하면 아래와 같다.

부사의 실제적 사용

❶ **형용사, 동사 수식** 형용사, 동사 앞, 뒤에 온다 / 해석은 다양하다.

❷ **문장 전체 수식** 문장 맨 앞에: (주어와 혼돈하지 말기) / 해석은 다양하다.

Cook`s Note

영어문장에서는 대부분 주어가 맨 앞에 온다. 하지만 주어보다 앞에 오는 것이 종종 있다. 그것이 바로 부사다. 이것을 구별하는 방법은 간단하다. 주어 다음에는 동사가 바로 온다.

EX

Obviously **he went there.** 여기서 Obviously가 주어 he 보다도 앞에, 즉 문장 맨 앞에 왔기 때문에 문장전체를 수식하는 역할을 하고 있다. 해석은 그냥 원래 단어의 의미대로 하면 된다. 해석 ⇨ 확실히 그는 갔다 거기에.

해석연습 모든 해석을 DR로 하시면 쉽고, 편하게 독해를 할 수 있습니다.

1. They are still guilty.

⇨ ______________________________.

2. Surprisingly, he is coward.

⇨ ______________________________.

3. King David was now very old.

⇨ ______________________________.

해석 및 풀이

1. They are still guilty.
그들은 이다 여전히 유죄다.

부사 'still'이 형용사 guilty를 수식하도 있다. 수식의 원칙에 의해서 단어 혼자서(단독으로) 수식할 때는 수식하고자 원하는 단어 바로 앞에서 수식한다.

2. Surprisingly, he is coward.
놀랍게도, 그는 겁쟁이다.

주어 'he'보다 앞에 왔기 때문에 'Surprisingly'는 부사적으로 사용되었다. 문장전체를 수식하고 있다. 해석은 원래 단어의 뜻에 맞게 해석하면 된다.

3. King David was now very old.
왕 다윗은 이었다 지금 매우 늙은.

부사 'now'와 'very'가 형용사 old를 수식하고 있다. 의미가 다르다면 몇 개의 부사가 와서 수식을 해도 상관없다. 이것은 형용사도 마찬가지다.

Reading Practice With NIV

1. Very truly I tell you, the Son can do nothing.

⇨ ____ .

2. You are still worldly.

⇨ ____ .

3. Surely your goodness and love will follow me.

⇨ ____ .

4. For his anger lasts only a moment, but his favor lasts a lifetime.

⇨ ____ .

5. Come quickly to help me, my Lord and my Savior.

⇨ ____ .

6. Do you rulers indeed speak justly?

⇨ ____ .

Reading Practice With NIV

(해설)

1. Very truly I tell you, the Son can do nothing.
정말 진실로 내가 말한다 너희에게, 아들은 할 수 없다 어떤 것도.

부정어가 있는 문장을 해석할 때는 무조건 동사를 부정한다. 우리 국어는 동사만 부정하지만 영어는 명사, 형용사, 부사 등 다양한 방법으로 부정을 한다.

2. You are still worldly.
너희는 여전히 세상적이다.

여기서 worldly는 부사가 아니라 형용사다. 이런 경우가 종종 있으니 체크하자. ex) He is friendly(형용사). 그는 다정하다.

3. Surely your goodness and love will follow me.
확실히 너희의 선함 그리고 사랑은 따를 것이다 나를.

부사가 주어보다 먼저 나올 때는 특정 단어를 수식하는 것이 아니라 문장 전체를 수식하는 것이다.

4. For his anger lasts only a moment, but his
왜냐하면 그의 분노는 지속되기 때문에 오직 잠시 동안만, 그러나 그의

favor lasts a lifetime.
호의는 지속된다 평생동안.

5. Come quickly to help me, my Lord and my Savior.
오세요 빨리 그리고 도와주세요 저를, 나의 주님 그리고 나의 주여.

6. Do you rulers indeed speak justly?
너희 통치자들은 실로 말하느냐 공정하게?

부사는 조건만 맞으면 문장 어디나 올 수 있고, 문장 앞, 뒤 어디서든 수식을 할 수 있다.

DAY 6

동사의 이해 1

무료강의

영어의 동사는 우리말과 달리 확고한 구조를 취한다. 우리말에서는 동사가 어떤 구조를 뚜렷하게 취하지 않는다. 국어에도 구조가 있긴 하나 영어보단 훨씬 약하다. 하지만 **영어의 동사는 반드시 구조(형식)를 갖는다.** 예를 들면 Be동사(am, are, is) 다음에는 명사나 형용사가 반드시 와야 한다. 그렇지 않으면 틀린 문장이 되고 의미를 정확히 전달할 수 없게 된다. 그럼 영어 동사는 몇 개의 구조를 취할까? 많지도 않고 딱 5개다. 5개가 전부이므로 충분히 해볼 만하다. 그리고 3개(1형식~3형식)는 힘들이지 않아도 저절로 습득된다. 그래서 **딱 2개(4,5형식)만 신경 써서 공부하면 된다.** 한때 동사의 구조(형식)의 이해와 연습의 필요성을 무시하는 사람들이 있었다. 지금도 그런 사람들이 있긴 하다. 하지만 이것은 문법의 확실한 체계를 가지고 있는 영어의 특성을 무시함으로 오히려 영어를 어렵게 만드는 결과를 초래했다. 많은 영어 선생들이 동사 구조(형식)를 가르치는 대안으로 쉬운 문장(구문)을 샘플로 만들었다. 그것도 많이. 많은 예문을 통해서 동사의 구조를 자연스럽게 깨닫고 습득하게 하기 위해서다. 하지만 이것이 오히려 더 많은 예문들을 공부하고 암기해야 하는 수고를 초래하게 했다. 어처구니없는 일이 아닐 수 없다. 호미로 막을 일을 가래로 막는 격이 되었다. 동사의 구조(형식)는 딱 5개다. 그러므로 정면 돌파하는 것이 훨씬 낫다. **5가지 구조만 이해하고 암기하고, 문장에서 구별하는 훈련만 하면 된다.** 그러면 어떤 문장도 독해할 수 있고, 영작할 수 있고, 말할 수 있게 된다.

영어의 동사는 딱 5가지의 구조만 취한다. 1, 2, 3형식은 어렵지 않다. 자동으로 습득된다. 우리 책에서는 4형식, 5형식 동사 구조(형식)만 다룬다. 5형식 문장은 우리나라 사라들이 해석하기 힘들어하는 것 중에 하나다. 각종 영어시험에서 출제가 많이 되는 부분이기도 하다. 필자가 알기로는 국내에 있는 영어 참고서나 책 중에 5형식 구조에 관해 정확하고 명쾌한 설명을 싣고 있는 책은 없다. 이 책은 5형식 구조의 개념과 사용방법을 확실히 보여준다. 5형식 문장을 단순히 해석하는 것을 넘어, 5형식 문장을 쉽게 영작하고 말하게 도와준다.

그럼 먼저 4형식 동사를 공부해보자.

4형식 동사: S + 4V + I.O (간접목적어) + D.O (직접목적어)

4형식 동사는 목적어를 두 개 취한다. 첫 번째 목적어를 간접목적어(I.O: 주로 목적어로 사람이 온다)라고 하며 해석은 '~에게'로 한다. 두 번째 목적어를 직접목적어(D.O: 주로 사물이 온다)라고 하며 **해석은 '~을, ~를'**로 한다. 4형식 동사의 해석은 거의 '~해주다'로 된다. 여러분이 직접 몇 개만 해석해 본다면 그렇게 되는 것을 알 수 있다.

필자는 그래서 4형식 동사를 '~주다 동사'로 명명한다. 대표적인 단어로는 '**ask**(물어보다), **call**(부르다), **give**(주다), **make**(만들어 주다), **tell**(말하다)' 등이 있다.

해석연습 모든 해석을 DR로 하시면 쉽고, 편하게 독해를 할 수 있습니다.

1. God gave Solomon very great wisdom and understanding.

⇨ ______________________________.

2. May the Lord show you his favor and give you his peace.

⇨ ______________________________________ .

3. They will offer you two of the loaves.

⇨ ______________________________________ .

4. The LORD made them this covenant.

⇨ ______________________________________ .

5. They asked him his occupation.

⇨ ______________________________________ .

해석 및 풀이

1. God gave Solomon very great wisdom and
하나님은 주었다 솔로몬에게 아주 큰 지혜와

understanding.
깨달음을.

여기서 gave는 4형식 동사로 쓰였다. Solomon은 간접목적어이고 해석은 '에, 게' 로 한다. great wisdom와 understanding은 직접 목적어이다. 해석은 '을, 를'로 하면 된다.

2. May the Lord show you his favor and give
주님께서 보여주시길 너희에게 그의 은혜와 그리고 주시길

you his peace.
너희에게 그의 평안을.

show는 4형식 동사로 쓰였다. you가 간접목적어이다. 해석은 '에게' 라고 한다. his favor는 직접목적어이다. 해석은 '을, 를'로 한다. give도 4형식 동사이다. you가 간접목적어이며 해석은 '에게'로 한다. his peace는 직접 목적어로 사용되었고 해석은 '을, 를'로 한다.

3. They will offer you two of the loaves.
그들은 제공할 것이다 너에게 두 덩어리를.

offer은 4형식 동사이다. you가 간접목적어로 해석은 '에게'로 한다. two of the loves는 직접목적어이다. 해석은 '을, 를'로 한다.

4. The LORD made them this covenant.
주님께서는 만들어 주셨다 그들에게 이 언약을.

made는 여기서 4형식 동사이다. 해석은 '~만들어 주다'로 한다. them은 간접목적어이고 해석은 '에게'로 한다. this covenant는 직접목적어로 해석은 '을, 를'로 한다.

5. She asked him his occupation.
그녀는 물어보았다 그에게 그의 직업을.

여기서 asked는 4형식 동사이다. him은 간접목적어이며 해석은 '에게'로 한다. his occupation는 직접목적어로 해석은 '을, 를'로 한다.

Reading Practice With NIV

무료강의

1. My Father will give you whatever you ask in my name.

⇨ ____ .

2. They will call him Immanuel'-which means, 'God with us.'

⇨ ____ .

3. Tell your servants the dream, and we will interpret it.

⇨ ____ .

4. So he asked Pharaoh's officials a question who were in custody with him.

⇨ ____ .

5. Show me your faith without deeds, and I will show you my faith by my deeds.

⇨ ____ .

Reading Practice With NIV

(해설)

1. My Father will give you whatever you ask in my name.
나의 아버지는 주실 것이다 네게 무엇이든 네가 구하는 것을 나의 이름으로.

〈whatever+주어+동사〉는 명사로 사용되며 문장에서 주어, 목적어, 보어로 사용된다.

2. They will call him Immanuel' – which means, 'God
그들은 부를 것이다 그를 임마누엘로 – 그것은 의미한다, '하나님께서

with us.'
함께 하신다 우리와'

여기서 which는 관계대명사로 사용되었으며, 원래 해석은 동사부분을 '는, 던'으로 하지만 가끔은 which 자체를 '그것'이라고 할 때가 있다.

3. Tell your servants the dream, and we will interpret it.
말해라 너의 종들에게 그 꿈을, 그러면 우리가 통역할 것이다 그것을.

〈명령문, and +주어+동사〉 구조가 되면 and를 '그러면' 이라고 해석한다.

4. So he asked Pharaoh's officials a question who were
그래서 그는 물었다 바로의 신하에게 한 질문을 있었던

in custody with him.
구금돼서 함께 그와.

who은 여기서 관계대명사로 사용되었으며 해석은 동사 부분을 '는, 던'으로 하면 된다.

5. Show me your faith without deeds, and I will
보여줘라 나에게 너의 믿음을 없는 행위, 그러면 나는

show you my faith by my deeds.
보여줄 것이다 너희에게 나의 믿음을 로서 나의 행위.

〈명령문, and +주어+동사〉 구조가 되면 and를 '그러면' 이라고 해석한다.

DAY 7

동사의 이해 2

무료강의

5형식 동사의 구조는 동사(V) 다음에 목적어(O)가 오고 목적어를 서술(설명)하는 목적격보어 (O.C)가 온다. 여기서 보어의 역할은 목적어의 행동과 움직임을 묘사하는 것이다. **5형식에서는 주어가 주인공이 아니라 목적어가 핵심이며 주인공이 된다.** 5형식 동사의 구별은 목적어 다음에 오는 **목적격보어를 보고 한다. 그리고 목적격보어에는 ❶ To부정사 ❷ 동사원형(RV) ❸ 분사 ❹ 형용사가 온다.** 원래 목적격 보어로 명사도 올 수 있지만, 이 책에서는 4형식 동사와 혼동이 생길 것 같아서 생략한다. 그리고 명사로 오는 목적격보어는 매우 드물다. **5형식 동사를 제대로 써먹기 위해서는 목적격 보어로 오는 위의 4가지 형태를 반드시 암기해야 한다.** 이것에 대한 철저한 암기가 없다면 5형식 동사가 나오는 문장의 독해는 어려워진다. 더 나아가 영작, 회화에서도 써먹을 수 없게 된다. 5형식 문장을 정복하려면 목적격 보어로 오는 딱 4

가지 성분만 암기하면 된다. 그러니 시간을 내서 철저히 이것을 암기하자. 이 책에 나오는 중요 문법개념을 확실하게 숙지하지 않고 진도만 나가는 것은 의미가 없다. 필자의 강의와 세미나를 듣고도 영어를 어려워하는 사람들의 공통점이 있는데 그것은 중요 개념을 철저히 암기하지 않는다는 것이다.

5형식 동사 중에서 특별하게 다뤄지는 동사들이 있는데 그것은 바로 **지각동사, 사역동사이다.** 원래 대부분의 5형식 동사들의 목적격보어에는 주로 To부정사가 오는데 **지각동사, 사역동사들은 특이하게 동사원형이 목적격 보어로 온다.** 다양한 영어 시험에서 이 부분이 문법문제로 출제가 많이 되는 부분이기도 하다. 대표적인 단어로는 지각동사에는 'feel, find, hear, see'등이 있고 사역동사에는 'have, let, make, get, help…' 등이 있다.

Key Note 1

지각동사는 말 그대로 사물을 지각(知覺)하는 즉, 보고, 듣고, 느끼는 동사들의 총칭이다. 지각동사의 목적격보어에는 주로 동사원형이 온다. 하지만 목적어로 스스로 행동할 수 없는 사물 등이 올 때는 목적격 보어로 수동태적인 서술을 하는 과거분사가 온다. 그리고 현재분사도 올 수 있는데 이것은 동사원형이 올 때의 경우와의 차이점은 '진행형'의 의미를 더 강하게 서술한다.

Key Note 2

사역동사는 어떤 일을 시키고, 하게 하는 동사의 총칭이다. 사역동사도 지각동사와 마찬가지로 목적어가 스스로 행동하거나 움직이지 못하는 수동태적인 서술을 할 때는 과거분사가 온다. 지각동사와 사역동사는 5형식 동사 안에 포함된다. 즉, 지각동사, 사역동사는 5형식 안에서만 이야기된다. 동사들이 5형식 동사가 되면 그 의미가 변하는 것들이 있다. 예를 들면 make(만들다), get(가지다), have(가지다, 먹다)등의 동사는 5형식 사역동사가 되면 '~시키다'라는 의미로 변한다.

Key Note 3

Get은 사용되는 폭이 가장 넓은 단어 중의 하나이다. 2형식부터 5형식까지 사용된다. 특히 Get이 5형식 동사로 쓰일 때는 사역동사가 된다. 해석도 '~ 시키다'로 된다. 일반적인 사역동사들(have, let, make)과 달리 목적격 보어로 'To부정사'를 취한다. 그리고 목적어로 스스로 행동하지 못하는 사물 등이 올 때는 목적격 보어로 과거분사가 온다. 5형식 동사 Get은 영어문법 시험에도 잘 나온다.

Key Note 4

Help도 5형식 동사로 사용된다. 하지만 해석은 '시키다'가 아니라 Help 고유의 의미인 '돕다, 도와주다'로 한다. 그래서 다른 문법책에서는 help가 5형식으로 쓰일 때를 '준사역동사'라고 한다. 형태는 사역동사처럼 보이지만 해석은 '시키다'로 하지 않기 때문일 것이다. Help는 목적격 보어로 To부정사와 동사원형(RV)이 온다. 다른 사역동사들처럼 목적격 보어로 과거분사를 취하지 않는다.

위의 설명들을 정리하면 아래와 같다.

5형식 동사: S + 5V + O (목적어) + O.C (목적격보어)

지각동사

* S + 5V + O + O.C 〔❶ RV ❷ 분사(Ving, PP)〕

사역동사

* S + HAVE, LET, MAKE + O + O.C (❶ RV ❷ P.P)

* S + GET + O + O.C (❶ ToRV ❷ P.P)

* S + HELP + O + O.C (❶ ToRV ❷ R.V)

약어: ToRV(To부정사) / Ving(현재분사) / P.P(과거분사) / RV(동사 원형)

※ 지각동사, 사역동사는 5형식에 포함된다. 즉, 5형식에서만 이야기된다.

Cook`s Note

5형식 문장은 다른 형식의 문장과 다르게 목적어가 핵심이다. 주어가 문장의 주체가 아니라 목적어가 주체가 된다. 그리고 목적격보어는 목적어의 행동 및 사실을 묘사(서술)한다. 그래서 5형식 문장에서는 목적어를 주어처럼 '은, 는, 이, 가'로 해석한다. 다른 문법책들에서는 이것을 '의미상의 주어'라고 기술한다. 하지만 말만 의미상의 주어라고 정의하고 막상 해석할 때는 목적어를 주어처럼 해석하지 않는 우를 범한다. **5형식 문장에서는 목적어를 반드시 주어처럼 '은, 는, 이, 가'로 해석하는 것을 잊지 말자!**

해석연습 모든 해석을 DR로 하시면 쉽고, 편하게 독해를 할 수 있습니다.

1. I asked the Lord to give me this boy.

⇨ ____________________________________.

2. God has made me forget all my trouble.

⇨ ____________________________________.

3. Abraham looked up and saw three men standing nearby.

⇨ ______________________________ .

4. They found Moses and Aaron waiting to meet them.

⇨ ______________________________ .

5. Conscience leads us to live honestly.

⇨ ______________________________ .

6. The Lord has encouraged me to speak the Word of God.

⇨ ______________________________ .

7. Do not let the sun go down while you are still angry.

⇨ ______________________________ .

8. Who will get the Gospel proclaimed?

⇨ ______________________________ .

9. I will help both of you speak and will teach you what to do.

⇨ ______________________________ .

해석 및 풀이

1. I asked the Lord to give me this boy.
나는 요청했다 주님이 주시길 나에게 이 소년을.

여기서 asked는 5형식 동사로 사용되었다. 지각동사와 사역동사를 제외한 **일반 동사들은 5형식으로 사용될 때는 목적격 보어로 To부정사가 온다.** 5형식 구조에서는 목적어를 주어처럼 '은, 는, 이, 가'로 해석해야 한다.

2. God has made me forget all my trouble.
하나님은 하게하셨다 내가 잊도록 모든 나의 환난을.

has는 여기서 현재완료시제[1]를 만들고 있다. made는 사역동사로 쓰이고 있다. 목적격 보어로 forget이 동사원형의 형태로 왔다.

3. Abraham looked up and saw three men standing
아브라함은 위를 보았다 그리고 보았다 세 남자들이 서있는 것을

nearby.
근처에.

---

1 현재완료시제는 우리 국어에는 없는 시제이다. 과거부터 현재까지 오는 시제이다. 다양한 해석 방법이 있지만 과거부터 현재까지 행동이 이어지는 것에 집중해야 한다. 영어성경을 읽을 때 현재완료시제가 나오면 늘 관심 있게 봐야 한다.

saw는 여기서 지각동사로 사용되었다. standing은 saw의 목적격보어이다. 지각동사는 사역동사와는 다르게 현재분사가 목적격보어로 올 수 있다. 해석은 동사원형과 마찬가지로 능동으로 한다. 하지만 현재 사건이 진행되고 있음을 강조한다.

4. They found Moses and Aaron waiting to meet them.
그들은 알았다 모세 그리고 아론이 기다리고 있는 것을 만나러 그들을.

found는 여기서 지각동사 5형식 동사로 사용되었다. 목적격 보어로는 현재분사 waiting이 왔다.

5. Conscience leads us to live honestly.
양심은 이끈다 우리가 살도록 정직하게.

leads은 일반동사로 5형식 동사로 사용되었다. 일반 5형식 동사의 목적격 보어로는 To부정사가 온다.

6. The Lord has encouraged me to speak the Word
주님께서는 격려하셨다 내가 말하도록 그 말씀을

of God.
하나님의.

has는 현재완료 시제를 만드는 역할을 하고 있다. encouraged는 일반 5형식동사로서 목적격 보어로 To부정사 'to speak'를 취하고 있다.

7. Do not let the sun go down while you are still angry.
못하게 하라 태양이 지도록 동안에 네가 여전히 분노하고 있는.

let는 사역동사로 쓰였다. 동사원형인 go를 목적격 보어로 취하고 있다.

8. Who will get the Gospel proclaimed?
누가 시킬 것인가 그 복음이 선포되도록?

get는 여기서 사역동사로 사용되었다. 목적어가 사물이고 스스로 행동할 수 없기 때문에 목적격 보어로 과거분사(수동태)를 취하고 있다. **모든 5형식동사(일반동사, 사역동사, 지각동사)들은 목적어가 스스로 행동할 수 없을 경우 과거분사(수동태)를 목적격 보어로 취한다.**

9. I will help both of you speak and will teach
나는 도와줄 것이다 둘 다 너희들이 말하도록 그리고 가르쳐줄 것이다

you what to do.
너희에게 무엇을 해야 되는지를.

help는 여기서 5형식 동사로 사용되었다. speak는 목적격 보어로 왔다. help는 목적격 보어로 동사원형과 To부정사 둘 다 취할 수 있기 때문에 목적격 보어로 to speak를 사용해도 된다.

Reading Practice With NIV

무료강의

1. I will help both of you speak and will teach you what to do.

⇨ ______________________________ .

2. You trample on the poor and force him to give you grain.

⇨ ______________________________ .

3. He was glad and encouraged them all to remain true to the Lord with all their hearts.

⇨ ______________________________ .

4. You will make them turn their backs when you aim at them with drawn bow. .

⇨ ______________________________ .

5. Then let my enemy pursue and overtake me; let him trample my life to the ground and make me sleep in the dust.

⇨ ______________________________

______________________________.

6. Let us not become weary in doing good, for at the proper time we will reap a harvest if we do not give up.

⇨ ______________________________

______________________________.

7. As a prisoner for the Lord, then, I urge you to live a life worthy of the calling you have received.

⇨ ______________________________

______________________________.

8. Go to the village ahead of you, and at once you will find a donkey tied there, with her colt by her.

⇨ ______________________________

______________________________.

9. Now I want you to know, brothers and sisters, that what has happened to me has actually served to advance the gospel.

⇨ ______________________________

______________________________.

Reading Practice With NIV

(해설)

1. I will help both of you speak and will teach you
나는 도울 것이다 둘 다 너희가 말하도록 그리고 가르칠 것이다 너희에게

what to do.
무엇을 해야 되는지를.

〈의문사+주어+동사〉는 명사로서 주어, 목적어, 보어가 된다. 여기서 what to do는 직접목적어로 사용되었다.

2. You trample on the poor and force him to give
너희는 짓밟는다 가난한 사람들을 그리고 강제로 시킨다 그들이 주도록

you grain.
너희에게 곡식을.

3. He was glad and encouraged them all to remain true to
그는 기뻤다 그리고 장려했다 그들 모두가 남아있도록 진실 되게

the Lord with all their hearts.
주님께 가지고 온전한 그들의 마음을.

4. You will make them turn their backs when you aim
너희는 시킬 것이다 그들이 돌리도록 그들의 등을 그때 너희가 겨눌 (때)

at them with drawn bow.
그들을 당겨진 활로.

〈접속사+주어+동사〉를 해석할 때는 먼저 접속사 해석을 하고 동사부분에서 한 번 더 해주면 더욱 정확한 해석이 된다.

5. Then let my enemy pursue and overtake me; let
그러면 하게하라 나의 원수가 뒤쫓도록 그리고 따라잡도록 나를; 하게하라

him trample my life to the ground and make me sleep
그들이 짓밟도록 나의 삶을 바닥까지 그리고 하게하라 내가 잠들도록

in the dust.
먼지 속에서.

let의 목적격 보어로 pursue와 overtake 두 개가 왔다.

6. Let us not become weary in doing good, for
하게 하라 우리가 되지 않도록 지치게 하는데 선한 일을, 왜냐하면

at the proper time we will reap a harvest if we
적절한 때에 우리가 수확하기 (때문에) 추수를 만약에 우리가

do not give up.
하지 않으면 포기를.

〈not become …〉에서 not은 become이하를 부정한다. 〈접속사+주어+동사〉를 해석할 때는 먼저 접속사 해석을 하고 동사부분에서 한 번 더 해주면 더욱 정확한 해석이 된다.

7. As a prisoner for the Lord, then, I urge you to live
로서 죄수 위한 주님을, 그때, 나는 촉구한다 너희가 살도록

a life worthy of the calling you have received.
삶을 가치 있게 그 부르심에 너희가 받은.

the calling 다음에 관계대명사 that이 생략되어져 있다. 이것은 곧 배운다. 관계대명사의 해석은 동사부분을 '는, 던'으로 하면 된다.

8. Go to the village ahead of you, and at once you will find
가라 그 마을로 먼저 너희들, 그러면 곧 너는 발견할 것이다

a donkey tied there, with her colt by her.
당나귀를 묶인 거기에 그 망아지와 옆에 그 당나귀.

〈명령문, and +주어+동사〉 구조가 되면 and를 '그러면' 이라고 해석한다.

9. Now I want you to know, brothers and sisters, that what
지금 나는 원한다 너희들이 알기를, 형제, 자매들이여, 그것

has happened to me has actually served to advance the
일어났던 나에게 (그것이) 실제로 도왔는지 촉진하는데

gospel.
복음을.

brothers and sisters이 삽입된 문장이다. 이것이 없다면 〈know that+주어+동사〉로 구조가 쉽게 보였을 것이다. 〈what has happened to me〉는 that절의 주어다.

DAY 8

구의 명사적 사용

무료강의

단어(Word)만 가지고도 문장을 만들 수 있다. 하지만 단어만 가지고는 복잡하고 정교한 표현을 할 수 없다. 영어는 이것을 해결하기 위해서 구(Phrase)와 절(Clause)을 문장에 도입했다. 영문법에서의 구와 절의 개념은 고대 그리스어(헬라어)에서 가져왔다. 헬라어는 영어뿐만 아니라 유럽의 모든 언어에 영향을 미치게 된다. **구(Phrase)의 종류에는 To 부정사, 동명사, 분사, 전치사구가 있다.** 그런데 신기하게도 이런 **구(Phrase)도 단어와 똑같이 명사, 형용사, 부사로 쓰인다.** 우리가 앞에서도 배웠지만 영문법의 주류이며, 핵심적인 내용은 명사, 형용사, 부사의 개념이 녹아있다. 단어에서의 명사, 형용사, 부사의 사용 방법이 구와 절에서도 똑같이 적용된다. 하지만 안타깝게도 그동안 국내외의 수많은 영어서적 및 참고서들이 이 점을 인식하지 못했다. 그 책들은 각각의 문법개념들을 개별적으로만 설명하고, 가르치는데 급급해왔다.

그 결과 타고난 언어습득 능력이 있는 사람들이나, 끝없는 반복과 암기로 어느 정도의 통합적 이해를 이룬 사람들만이 독해나 영작이 그나마 가능했다. 영문법과 문장구조를 통합적으로 유기적으로 이해하지 못한다면 아무리 공부해도 독해나 영작은 어려운 일이 된다. 영어보다 문법적인 체계가 약하고 문장구조의 프레임이 상대적으로 느슨한 언어(국어)를 사용하는 우리나라 사람들에게는 더욱 그러하다.

이제부터 여러분이 **단어, 구, 절이 똑같이 명사, 형용사, 부사의 개념으로 사용되는 것을 이해하고 자기의 것으로 만든다면 영어의 장벽이 순간적으로 무너질 것이다.** 단어들이 명사, 형용사, 부사로 사용되는 원리와 같이 구(Phrase)도 명사, 형용사, 부사로 사용된다. 그래서 구(Phrase)가 명사처럼 사용하는 것을 명사구, 형용사처럼 사용하는 것을 형용사구, 부사처럼 사용하는 것을 부사구로 부른다.

구의 종류에는 To부정사, 동명사, 분사, 전치사구가 있다. 그리고 그것들을 만드는 방법은 아래와 같다. 구를 만드는 방법은 굳이 이해하려고 하지 말고 그 약속을 숙지하고 따르면 된다. 이런 것은 이해하는 것보다 철저하게 암기하고, 자주 사용하는 것이 훨씬 중요하다.

Key Note 1

To부정사: 'To'라는 단어 다음에 동사원형을 쓴다. 동사원형의 형태가 오는 것이 중요하다. 이것을 간단하게 정리하면 To부정사

⇨ To + 동사원형(RV)

EX **to go, to eat, to play, to buy**

CF **to the church** (여기서 to는 전치사다 왜냐하면 그다음에 명사(the church)가 왔기 때문이다. To부정사가 되려면 To 다음에 반드시 동사원형이 와야 한다.

Key Note 2

동명사: 동사원형 다음에 ing를 붙인다. 여기서도 중요한 것은 동사원형 다음에 ing를 붙이는 것이다.

EX **by eating, in doing so, for living here**

CF **I am going there.** 여기서 **going**은 동명사가 아니라 분사이다. 왜냐하면 이때 going은 '~을 하고 있다'라고 해석되기 때문이다. 이것을 현재진행형, 즉, 현재분사라고 한다. 동명사는 Ving 형태이며, 명사로 사용되어 주어, 목적어, 보어가 된다. 분사는 Ving형태(동명사와 같은 모양)로 형용사, 부사로 사용된다. 동명사와 현재분사는 서로 모양은 같으나 사용방법이 다르다.

Key Note 3

분사: 분사는 2가지 모양이 있다. 하나는 현재분사로 동명사처럼 동사원형 다음에 ing을 붙인다. 현재분사는 능동태[1]로 사용된다. 현재분사의 모양은 동명사와 똑같다. 그래서 그런지 많은 사람들이 구별을 잘못한다. 구별하는 방법은 모양을 보고하는 것이 아니라 사용법을 보고 한다. 동명사는 명사처럼 주어, 목적어, 보어로 사용되고, 현재분사는 형용사처럼 명사수식, 보어로 사용된다. 또한 부사로 사용되어 사건의 2진행, 문장전체 수식의 역할을 한다.

EX **the playing boy, the boy reading a book**

Cook`s Note 1

분사의 두 번째 형태로 과거분사가 있다. 과거분사는 수동태로 사용된다. 과거분사의 모양은 규칙적으로 변화된 모양과 불규칙적으로 변화된 모양이 있다. 규칙적으로 변화는 동사들은 단어 끝에 '~ed'가 붙는다. 그런데 이 모양이 동사의 과거형과 같으므로 조심해야 한다. 동사의 과거형은 동사로 사용되지만 과거분사는 형용사와 부사로 사용되어진다. 그 사용 방법이 서로 다르다. 불규칙적으로 변화는 과거분사는 등장할 때마다 암기하면 된다. 이것도 하다 보면 쉽게 암기될 때가 온다. 그때까지 공부를 포기해서는 안 된다.

1 능동태라고 하는 것으로 스스로 행동하고 움직이는 것을 말한다. 반대말로는 수동태가 있다.

Cook`s Note 2

[1] 규칙적으로 변화된 과거분사:

EX **the car** used **by him.** 여기서 used는 동사가 아니라 형용사처럼 앞에 the car를 수식하고 있다. 해석 → 그 자동차 사용된 그에 의해서

EX **The ball was** kicked **by a boy.** 여기서 kicked는 과거분사로서 형용사처럼 be동사 was의 보어로 사용되었다. 해석 → 그 공은 차였다 의해서 한 소년.

Cook`s Note 3

[2] 불규칙적으로 변화된 과거분사:

EX **the window** broken **by him.** 여기서 broken은 불규칙적으로 변화된 형태의 과거분사로서 window를 수식하고 있다. 해석은 그 창문 깨어진 의해서 그에. 그리고 break의 동사변화는 다음과 같다: break(현재형 및 동사원형) – broke(과거형) – broken(과거분사). 앞으로 동사를 공부할 때는 현재형 – 과거형 – 과거분사의 3가지 형태로 숙지하는 습관을 가져야 한다. 과거분사의 개념은 우리 국어에는 없기 때문에 이해하는 것이 처음에는 쉽지 않다. 하지만 자주 반복적으로 이 장(章)을 공부하다 보면 어느새 분사가 나의 것이 되어져 있을 것이다.

Key Note 4

전치사구: 전치사구는 전치사+명사(형)의 모양으로 만든다. 명사형이라고 하는 것은 명사처럼 사용되는 모든 문장장치들을 말한다. 명사형의 예를 들면 동명사나 관계대명사 what등이 있다. 이것들은 명사처럼 주어, 목적어, 보어로 사용된다. 명사처럼 사용되는 문장장치들은 전치사 다음에 올 수 있다.(단, 명사절의 that+S+V[2]은 제외)

EX **in the park** (공원에서), in doing so (그렇게 하다가: 여기

2 명사절의 that과 관계대명사의 that을 구별해야 한다. 명사절의 that은 명사처럼 주어, 목적어, 보어로 사용된다. 관계대명사의 that은 명사(선행사) 뒤에서 명사를 수식하는 형용사의 역할을 한다.

서 doing은 동명사로서 전치가 in 다음에 왔다.)

자아~ 이제 구(Phrase)의 종류를 배웠으니, 구(phrase)가 단어처럼 명사적으로 사용되는 것을 공부해보기로 하자. 우리는 이전 장(章)들에서 단어가 명사로 사용되는 것을 배웠다. 그것을 숙지하고 있다면 구가 명사적으로 사용되는 경우를 이미 알고 있다.

단어가 명사적으로 사용되는 것과 똑같이 구(phrase)도 명사적으로 사용된다. 구가 명사적으로 사용되면 단어처럼 주어, 목적어, 보어가 된다. 구가 등장하면서 문장이 복잡해지기 시작할 때는 해석하는 방법을 집중적으로 공부하고 숙지해야 한다. 그리고 숙지한 것이 실제 문장을 독해할 때는 머리를 거치지 않고 바로바로 기계적으로 나와서 적용돼야 한다. 그러면 영어가 쉬워지고, 영어의 눈이 떠지기 시작한다.

위의 설명을 정리하면 아래와 같다.

구의 명사적 사용: 단어의 명사적 사용과 같다!

① **주어** 문장 맨 앞에 온다. / 해석은 : '은, 는, 이, 가'로 한다.

② **목적어** 동사 다음에 온다. / 해석은 : '을, 를'로 한다.

③ **보어** Be 동사 다음에 온다. / 해석은 : '~것, ~이다.'로 한다.

Key Note 4

명사적으로 쓰이는 구(Phrase)에는 ❶ To 부정사 ❷ 동명사(Ving)가 있다.

해석연습 모든 해석을 DR로 하시면 쉽고, 편하게 독해를 할 수 있습니다.

1. Stop acting so proud and haughty!

⇨ ______________________________ .

2. They refuse to defend the cause of orphans .

⇨ ______________________________ .

3. Loving God means keeping his commandments.

⇨ ______________________________ .

4. To have such lawsuits with one another is a defeat for you.

⇨ ______________________________ .

5. To understand the Word is to have a spiritual mind.

⇨ ______________________________ .

6. This way is doing prayer earnestly until you get out of the trouble.

⇨ ______________________________ .

해석 및 풀이

1. Stop acting so proud and haughty!
멈춰라 행동하는 것을 그렇게 교만하게 그리고 오만하게.

acting은 동사 Stop 다음에 왔기 때문에 목적어로 사용되었다. 해석은 구가 끝나는 시점에서 '을, 를'을 붙이면 된다.

2. They refuse to defend the cause of orphans.
그들은 거절한다 변호하는 것을 그 주장을 고아들의.

to defend도 동사 다음에 왔기 때문에 목적어로 사용되었다. 해석은 구가 끝나는 시점에서 '을, 를'을 붙이면 된다. * 독해 할 때 동사 다음에 오는 모든 것들을 목적어로 일단 간주하라.

3. Loving God means keeping
사랑하는 것은 하나님을 이것은 의미한다 지키는 것을

his commandments.
그의 계명을.

Loving은 문장 맨 앞에 왔기 때문에 주어다. 해석은 구가 끝나는 부분에 '은, 는, 이, 가'를 붙이면 된다. keeping은 동사 다음에 왔기 때문에 목적어다. 해석은 구가 끝나는 시점에서 '을, 를'

을 붙이면 된다. 위의 해석의 빨간색의 **'이것은'**이라고 주어를 다시 한 번 해석하였다. 그 이유는 주어가 2단어 이상으로 길게 올 때는 반드시 주어가 끝나는 부분, 즉 동사가 시작되기 전에 주어를 다시 한 번 인식해줘야 한다. 왜냐하면 주어가 길게 올 때 이것을 인식해주지 않으면 해석의 정확도가 떨어지기 때문이다. 주어 인식을 한 번 해줌으로써 정확한 문장해석이 된다. 또한 문법적으로 잘못된 것을 찾아내는 것도 쉬워진다. 주어인식을 반드시 하는 습관을 가져야 한다.

4. To have such lawsuits with one another is a defeat
가지는 것은 이런 소송을 서로서로 이것은 이다 패배

for you.
너희에게.

To have도 문장 맨 앞에 왔기 때문에 주어다. 해석은 구가 끝나는 부분에서 '은, 는, 이, 가'를 붙이면 된다. 그리고 동사 is 바로 전에서 주어인식하자. **'이것은'** 이라고!

5. To understand the Word is to have
이해한다는 것은 말씀을 이것은 가지고 있다는 것이다

a spiritual mind.
영적인 마음을.

To understand는 문장 맨 앞에 왔기 때문에 주어다. 해석은 구가 끝나는 부분에서 '은, 는, 이, 가'를 붙이면 된다. 그리고 동사 is 바로 전에서 주어인식하자. **'이것은'** 이라고!

6. This way is doing prayer earnestly until you get out of
이 방법은 이다 기도하는 것 열심히 까지 네가 벗어날 때 까지

the trouble.
환난에서.

doing은 Be동사 다음에 왔기 때문에 보어로 사용되었다. 해석이 '~것이다'로 되면 동명사, '하는 중이다'로 되면 분사이다. 여기서는 '~것이다'로 되었기 때문에 동명사 보어로 사용되었다. 이렇게 구별하는 방법을 자주하다 보면 순간적으로 빨리 구별하는 하는 날이 올 것이다. 힘을 냅시다!!

Reading Practice With NIV

1. I hope in the Lord Jesus to send Timothy to you soon.

⇨ ______________________________ .

2. But Jesus bent down and started to write on the ground with his finger.

⇨ ______________________________ .

3. After saying this, he spit on the ground, made some mud with the saliva.

⇨ ______________________________ .

4. I have not stopped giving thanks for you, remembering you in my prayers.

⇨ ______________________________ .

5. His purpose was to create in himself one new humanity out of the two, thus making peace.

⇨ ____ .

6. It is right for me to feel this way about all of you, since I have you in my heart.

⇨ ____ .

7. Make my joy complete by being like-minded, having the same love, being one in spirit and of one mind.

⇨ ____ .

Reading Practice With NIV

(해설)

1. I hope in the Lord Jesus to send Timothy to you
나는 소망한다 에서 주 예수 보내는 것을 디모데를 너희에게

soon.
곧.

in the Lord Jesus가 콤마 없이 삽입되었다. 삽입이 없다면 I hope to send …로 구조가 쉽게 파악된다.

2. But Jesus bent down and started to write on the ground
그러나 예수님은 구부리셨다 그리고 시작했다 쓰시기를 땅에

with his finger.
으로 그의 손가락.

3. After saying this, he spit on the ground, made
후에 말한 이것을, 그는 침을 뱉었다 땅에, 만들었다

some mud with the saliva.
약간의 진흙을 침으로.

4. I have not stopped giving thanks for you,
나는 멈추지 않았다 하는 것을 감사를 당신에게,

remembering you in my prayers.
그리고 기억한다 당신을 에서 나의 기도.

5. His purpose was to create in himself one new
그의 목적은 이였다 만드는 안에 그 자신 하나의 새로운

humanity out of the two, thus making peace.
인류를 에서 그 둘, 그래서 만들도록 평화를.

making은 후속분사도 사용되었다. 해석은 〈and+동사〉로 한다. 뒷장에서 곧 배우게 될 것이다.

6. It is right for me to feel this way about all of you,
그것은 옳다 내가 느끼는 것이 이런 식으로 관해서 모두를 너희의

since I have you in my heart.
왜냐하면 내가 가지고 있기 (때문에) 너희를 안에 나의 마음.

for me는 여기서 to feel의 의미상의 주어로 사용되었다.

7. Make my joy complete by being like-minded, having
만들어라 나의 기쁨이 온전하게 됨으로서 같은 마음이, 가짐으로

the same love, being one in spirit and of one mind.
같은 사랑을, 됨으로서 하나가 영으로 그리고 한 마음으로.

전치사 by의 목적어로 being, having, being이 왔다. 원래는 being 앞에 and가 나와야 한다. A, B, and C 이런 구조가 돼야 한다.

DAY 9

구의 형용사적 사용

무료강의

구(Phrase)는 단어와 마찬가지로 형용사적으로 사용된다. 단어가 형용사적으로 사용되는 개념과 똑같다. 이것을 알고 있다면, 이번 장(章)도 자동적으로 해결된다.

구(Phrase)도 단어처럼 형용사적으로 사용된다. 그래서 명사수식과 보어의 역할을 한다. 명사수식을 할 때는 구(Phrase)는 수식의 원칙에 의해서 명사 뒤에서 수식을 한다. **해석은 수식하는 구(Phrase)가 끝나는 부분에서 '는, 던'을 붙여주면 된다.**

구(Phrase)도 단어처럼 보어로 사용된다. 명사와 형용사는 보어가 될 수 있다고 앞 장(章)에서 배웠다. **구가 형용사의 보어로 사용될 때는 명사의 보어와는 다르게 해석을 'will, must, want'로 한다.** 사실 이렇게 해석되는 경우는 To부정사가 형용사의 보어로 사용될 때이다.

위의 설명을 정리하면 아래와 같다.

구의 형용사적 사용: 단어의 형용사적 사용과 같다!

❶ 명사수식 명사 앞 or 뒤에 온다 / 해석은 '~는, ~던'으로 한다.

❷ 보어 Be 동사 다음에 온다 / 해석은 'will, must, want'로 한다.

Cook`s Note

단어가 형용사적으로 사용되는 것과 마찬가지로 구(Phrase)도 형용사적으로 사용된다. 단어보다 긴 문장의 형태로 사용된다. 그래서 그 사용이 눈에 쉽게 들어오지 않고, 빨리 파악되지 않는다. 그러니 연습을 충분히 하자. 특히 구(Phrase)가 명사수식으로 사용될 때 해석하는 방법을 확실히 이해하고 숙지해야 한다. 해석은 동사부분을 '~는, ~던'으로 하면 된다.

EX **The boy to stand there** 여기서 to stand는 The boy를 수식하여 형용사적으로 사용되었다. 해석은 동사부분인 stand에 '는, 던'을 붙이면 된다. 그리고 이때 to는 해석하지 않는다. to는 단순히 형용사적으로 사용되었다는 표시만을 한다. 해석 → 그 소년 서 있는(동사 부분에 '는, 던 붙임) 거기에.

Key Note 4

형용사적으로 쓰이는 구(Phrase)에는 ❶To부정사, ❷분사[1], ❸전치사구가 있다. 단어가 형용사로 사용하는 것과 똑같이 구도 형용사적으로 사용된다.

해석연습 모든 해석을 DR로 하시면 쉽고, 편하게 독해를 할 수 있습니다.

1. To one person the Spirit gives the ability to give wise advice.

⇨ ______________________________.

2. There were few people left in the villages of Israel.

⇨ ______________________________.

3. Repairs were made by a group of Levites working under the supervision.

⇨ ______________________________.

4. He must be the one called by God for this work, just as Aaron.

⇨ ______________________________.

1 분사에는 현재분사(~ing), 과거분사(~ed)가 있으며 현재분사는 능동태, 과거분사는 수동태로 사용된다.

5. My covenant in your flesh is to be an everlasting covenant.

⇨ ______________________________.

6. Moses alone is to approach the LORD.

⇨ ______________________________.

7. You were like sheep going astray.

⇨ ______________________________.

해석 및 풀이

1. To one person the Spirit gives the ability to give
에게 어떤 사람 성령께서는 주신다 능력을 줄 수 있는

wise advice.
현명한 조언을.

to give는 여기서 앞의 명사 the ability를 수식하고 있다. 즉, 형용사적으로 사용되고 있는 구(Phrase)이다. 해석은 동사부분인 give에 '는, 던'을 붙이면 된다. '줄 수 있는…' 이런 식으로 말이다.

2. There were few people left in the villages of Israel.
없었다 거의 사람들이 남아있었던 그 마을에 이스라엘의.

few, little 앞에 'a'가 붙지 않으면 부정적으로 해석을 한다. left는 앞의 명사 people을 수식하고 있는 과거분사이다. 과거분사로 왔다는 것은 행동을 수동태적으로 한다는 것이다. 해석은 '는, 던'을 붙이면 되는데 여기서는 수동태이므로 '남겨진…'이라고 한다. 우리는 평상시 독해할 때 능동의 현재분사가 쓰였는지 수동의 과거분사가 쓰였는지 관심있게 봐야 한다.

3. Repairs were made by a group of Levites working
회복은 이루어졌다 의해서 한 그룹의 레위인들의 일하던

under the supervision.
아래서 그 감독.

working은 여기서 명사 Levites를 수식하는 현재분사로 사용되고 있다. 해석은 '는, 던'을 붙이면 된다. 그리고 working를 to be working으로 고쳐도 된다. To부정사도 형용사적으로 사용되었기 때문이다.

4. He must be the one called by God for this work.
그는 틀림없이 그 사람일 것이다 부름 받은 하나님께 위해서 이 사역을.

called는 앞에 명사 the one을 수식하고 있는 과거분사다. 동작을 수동적으로 받기 때문에 과거분사를 사용하였다. 우리는 항상 과거분사가 오는지 현재분사가 오는지 눈여겨 봐야한다. 해석은 '는, 던'을 붙이면 된다.

5. My covenant in your flesh is to be an everlasting
나의 언약 안에 네 육체 그것은 될 것이다 영원한

covenant.
언약이.

in your flesh는 여기서 앞의 명사 My covenant를 수식하는 전치사구로 사용되었다. **'그것은'** 이라고 주어인식도 하자. 전치사구도 명사를 수식하는 형용사로 사용된다. 해석은 '는, 던'를 붙이면 된다. everlasting는 뒤의 명사 covenant를 수식하고 있다. 분사의 경우 단독으로 명사를 수식할 때는 명사 앞에서 수식을 하고, 2개 이상의 단어들과 같이 수식할 때는 수식의 원칙에 의해서 명사 뒤에서 수식한다.

6. Moses alone is to approach the LORD.
모세 혼자서 다가갈 것이다 여호와께.

to approach는 여기서 Be동사 is 다음에 왔기 때문에 보어로 사용되었다. 명사도 형용사도 둘 다 보어가 될 수 있다. 그리고 이것의 구별은 해석으로 한다. '~것, ~이다'로 해석이 되면 명사적으로 사용된 것이다. 'will, must, want'로 해석이 되면 형용사의 보어로 사용된 것이다. 여기서 to approach는 'will(~할 것이다)'로 해석되기 때문에 형용사의 보어로 사용되었다.

7. You were like sheep going astray.
너들은 마치 양들처럼 길을 잃고 있었다.

going은 여기서 Be동사 were의 보어로 사용되었다. be+ ing의 해석이 '~하는 중이다'가 되면 현재분사가 형용사 보어로서 사용된 것이다. 원래는 were 다음에 바로 going이 와야 하지만, 전치사구 like sheep이 삽입구처럼 끼어들었다. 우리는 늘 이런 표현에 조심해야 한다.

Reading Practice With NIV

무료강의

1. Holy Spirit is a deposit guaranteeing our inheritance.

⇨ ______________________________________.

2. There was a man sent from God whose name was John.

⇨ ______________________________________.

3. We preach Christ crucified: a stumbling block to Jews and foolishness to Gentiles.

⇨ ______________________________________.

4. One covenant is from Mount Sinai and bears children who are to be slaves.

⇨ ______________________________________.

5. God's grace was given to me for you, that is, the mystery made known to me by revelation.

⇨ ______________________________________ .

6. Make every effort to keep the unity of the Spirit through the bond of peace.

⇨ ______________________________________ .

7. But even if I am being poured out like a drink offering on the sacrifice and service coming from your faith, I am glad and rejoice with all of you.

⇨ ______________________________________

______________________________________ .

Reading Practice With NIV

(해설)

1. Holy Spirit is a deposit guaranteeing our inheritance.
성령은 이다 보증 보장하는 우리의 상속을.

2. There was a man sent from God whose name was John.
있었다 한 사람이 보내어진 부터 하나님 그의 이름이 요한인.

whose는 관계대명사로 사용되었다. 소유격 his가 생략되었기 때문에 소유격 관계대명사 whose가 온 것이다.

3. We preach Christ crucified: a stumbling block
우리는 전파한다 그리스도를 십자가에 달인: 넘어지게 하는 장애물

to Jews and foolishness to Gentiles,
에게 유대인 그리고 미련함 에게 이방인들.

4. One covenant is from Mount Sinai and bears children who
한 언약은 유래한다 시내산에서 그리고 낳는다 자녀들을

are to be slaves.
될 노예들이.

Be동사 다음에 To부정사가 형용사적으로 사용되면 해석은 〈will, must, want〉 중에 하나로 한다. 여기서는 〈will〉로 한다.

5. God's grace was given to me for you, that is,
하나님의 은총은 주어졌다 나에게 위해 너를, 즉 그것은

the mystery made known to me by revelation.
신비다 알려진 나에게 로서 계시.

6. Make every effort to keep the unity of the Spirit through
해라 모든 노력을 유지하려는 연합을 성령의 통해서

the bond of peace.
그 연합 평안의

7. But even if I am being poured out like a drink offering
그러나 심지어 내가 부어질지라도 처럼 관제로

on the sacrifice and service coming from your faith,
위에 제물 그리고 예배 오는 부터 너희의 믿음,

I am glad and rejoice with all of you.
나는 즐겁고 기쁘다 함께 모두와 너희들.

DAY 10

구의 부사적 사용

무료강의

구(Phrase)가 부사적으로 사용되는 것은 단어가 부사로 사용되는 개념과 똑같다. 그래서 단어의 부사적 사용만 제대로 알고 있다면 이 장(章)도 쉽게 공부할 수 있다. 이렇게 공부하니 영어문법 참 쉽죠?

구(Phrase)가 부사적으로 사용되는 경우는 3가지다. **첫째, 형용사 수식을 한다.** 수식의 원칙에 의해서 단독으로 수식할 때는 형용사 앞에서 한다. 2개 이상의 단어와 결합돼서 수식할 때는 형용사 뒤에서 한다. 이때 해석은 구(Phrase)가 가지고 있는 고유의 의미대로 하면 된다. 해석이 특별히 정형화되지 않는다. **둘째,** 주어+동사의 구조로 문장이 거의 끝나는 무렵, 즉 **후미에 등장해서 사건의 2진행 역할을 한다.** 사건의 2진행이란 'and'대신에 두 번째 서술(두 번째 기술)을 하는 것이다. **셋째는 주어보다 앞에 나와서 문장 전체를 수식한다.** 문장 전체를 수식한다는 것은 특정 단어나 구를 수식하지 않는다는 말과 같다.

위의 설명을 정리하면 아래와 같다.

구의 부사적 사용: 구어의 부사적 사용과 같다!

❶ **형용사 수식** 형용사 다음에 온다 / 해석은 다양하다

❷ **사건의 2진행** 해석은 '그리고'로 한다

❸ **문장 전체** 수식 문장 맨 앞에: (주어와 혼돈하지 말기) / 해석은 다양하다

구(Phrase)가 부사적으로 쓰일 때와 단어가 부사적으로 쓰일 경우의 다른 점은 **'사건의 2번째 진행'**이라는 개념이 등장하는 것이다. 사건의 2번째 진행이라는 것은 구(Clause)가 접속사 'and'처럼 사용되는 것을 말한다. 이것은 필자가 직접 만든 문법이론이다. 예를 들어보자. EX **I go to school and study English.** 해석 ⇨ 나는 간다 학교에 그리고 공부한다 영어를. 여기서 and 다음의 study가 첫 번째 동사 go와 더불어 2번째 서술을 하고 있다. 즉 첫 번째로 나는 학교에 가고(go) 두 번째로 공부를 하는(study) 것이다. 그럼 이것을 구(Clause)를 가진 문장으로 표현할 수는 없는가? 물론 있다. 이렇게 하면 된다. ⇨ **I go to school**

to study English. 여기서 to study가 위에서의 and study와 같은 의도로 사용된 것이다. 그런데 우리는 지금까지 위의 문장을 이런 식으로 해석해왔다. '나는 영어를 공부하기 위해서 학교에 간다.' 라고 말이다. 이 해석은 독해를 뒤부터 거슬러 올라오면서 했다.

세상의 어떤 언어도 뒤부터 말해지는 경우는 없다. 심지어 지금 이 예문도 필자가 앞에서부터 순차적으로 영작한 문장이다. 그런데 우리는 유독 영어독해를 할 때는 뒤부터 거슬러 올라오면서 해석을 한다. 이런 접근은 언어 습득의 문을 차단하는 것과 다름없다. 이 책의 서문에서도 얘기했지만 모든 언어들은 앞에서부터 말하고, 쓰고, 듣고 하는 것이다. 그러므로 뒤부터 중간부터 거슬러 올라오면서 해석하는 방법은 새로운 언어 습득을 어렵게 만드는 행위다. 특히, 국어처럼 문법과 특별한 문장구조가 뚜렷하지 않고, 앞에서부터 순차적으로 말이 만들어지는 언어가 모국인 우리들은 **다른 언어를 배울 때 반드시 순차적으로 앞에서부터 읽고, 쓰고, 듣고, 말하는 방법으로 배워야 한다.** 그러면 쉽게 새로운 언어를 배울 수 있다. 그동안 이런 것도 모르고 지나간 시간이 야속하죠?

그리고 이 문장은 '**I go to school, studying English.**'로

도 표현될 수 있다. 여기서도 'studying'이 'and study'와 같은 의미로 사용되고 있다. 즉, 분사구인 studying이 부사적 사용 중에 세 번째인 사건의 2진행으로 사용되어진 것이다. 자~ 그럼 이것을 한 눈에 보기 쉽게 정리해보자.

I go to school and study English.

= **I go to school to study English.**

= **I go to school, studying English.**

= 나는 간다 학교에 그리고 공부한다 영어를.

(and study = to study =, studying = 그리고 공부한다)

구(Phrase)가 주어보다 앞에, 즉, 문장 맨 앞에 나올 때는 문장전체를 수식하는 부사로 사용된 것이다. 이때는 해석이 정해진 것이 아니라 그 구(Clause)가 가지고 있는 고유의 의미대로 해석하면 된다. 특별히 정형화된 것이 없다. 예를 한 번 보자. EX **Getting up in the morning, I would read Bible.** 해석

⇨ 그 때 일어날 때[1] 아침에, 나는 읽는다 성경을. 여기서 Getting은 현재분사로서 주어인 'I'보다 앞에 왔기 때문에 문장전체를 수식하는 부사로 사용되었다. **분사가 문장 맨 앞에 올 때의 해석은 몇 가지 있지만 딱 3가지 ❶ 때(when) ❷ 왜냐하면(because) ❸ 처럼(as)으로 하면 된다.** 하지만 막상 원서를 읽을 때는 '때(when)'하나로 거의 해석된다.

Cook`s Note

부사로 사용되는 구(Phrase)에는 ❶ To부정사 ❷ 분사 ❸ 전치사구가 있다.

해석연습 모든 해석을 DR로 하시면 쉽고, 편하게 독해를 할 수 있습니다.

1. The Lord raised up judges to rescue the Israelites from their attackers.

⇨ ____

____.

1 접속사(when, because, as…) 등을 해석할 때는 동사부분에서 해석을 한 번 더 해주면 훨씬 정확하고 멋진 해석이 된다. 다시 한 번 해보자. EX Because I am sick, I can't go to school. → 왜냐하면 내가 아프기 때문에(동사가 끝날 때 한 번 더 해석한다), 나는 갈 수 없다 학교

2. They would also invite their three sisters to celebrate with them.

⇨ ______________________________

______________________________.

3. The men of Judah attacked Jerusalem and captured it, killing all its people.

⇨ ______________________________

______________________________.

4. He sets them among princes, placing them in seats of honor.

⇨ ______________________________

______________________________.

5. Being here on earth, Jesus offered prayers and pleadings.

⇨ ______________________________

______________________________.

해석 및 풀이

1. The Lord raised up judges to rescue the Israelites
여호와는 세우셨다 사사들을 그리고 구원하셨다 이스라엘 사람들을

from their attackers.
부터 그들의 침략자.

to rescue는 부사적으로 사용되었으며, 사건의 제2진행으로 쓰였다. 해석은 'and rescued'로 하면 된다. to rescue가 과거시제로 사용된 이유는 모든 문장의 시제는 본동사의 시제를 따르기 때문이다. 위 문장에서 본동사는 raised 이다. 즉, 과거시제다. 그리고 노파심으로 다시 한 번 반복 설명하지만 이때 to는 따로 해석을 하지 않는다. 이때 to는 부사적으로 사용된 것을 알리는 표시에 불과하다. from their attackers는 전치사구이며 부사적으로 사용되었다. 해석은 고유한 의미대로 하면 된다.

2. They would also invite their three sisters
그들은 아마도 또한 초대할 것이다 그들의 세 자매들을

to celebrate with them.
그리고 축하할 것이다 함께 그들과.

to celebrate는 부사적으로 사용되었으며, 사건의 2진행으

로 쓰였다. 해석은 'and would celebrate'로 하면 된다. to celebrate가 would celebrate로 해석되는 이유는 모든 문장의 시제는 본동사의 시제를 따르기 때문이다. 위 문장에서 본동사는 would invite 이다. 이때 would는 will의 과거형보다는 추측[아마도]의 의미를 가진 조동사로 사용되었다.

3. The men of Judah attacked Jerusalem, killing
그 사람들 유다의 이들은 공격하였다 예루살렘을 그리고 죽였다

all its people.
모든 거기의 사람들을.

주어가 끝나면 주어인식을 반드시 해준다. 여기서는 주어가 사람이므로 '이들은'이라고 하면 된다. killing 부사적으로 사용되었으며, 사건의 제2진행으로 쓰였다. 해석은 'and killed'로 하면 된다. killed가 과거시제로 사용된 이유는 모든 문장의 시제는 본동사의 시제를 따르기 때문이다. 위 문장에서 본동사는 attacked이다. 즉, 과거시제다.

4. He sets them among princes, placing them in seats
그는 두었다 그들을 속에 왕자들, 그리고 두었다 그들을 자리에

of honor.
명예의.

placing 부사적으로 사용되었으며, 사건의 제2진행으로 쓰였다. 해석은 'and places'로 하면 된다. placing이 현재시제로 사용된 이유는 모든 문장의 시제는 본동사의 시제를 따르기 때문이다. 위 문장에서 본동사는 sets이다. 즉, 현재시제다.

5. Being here on earth, Jesus offered prayers and
그때 계셨을 때 여기 이 땅위에, 예수님은 드리셨다 기도와

pleadings.
간구를.

Being는 부사적으로 문장전체를 수식하는 역할을 하고 있다. 분사가 이렇게 주어보다 문장 앞에 나오는 것을 분사구분이라고 한다. 이때의 해석은 ❶ When ❷ Because ❸처럼 … 중에서 하나를 골라서 하면 된다. 막상 실전에서 독해를 할 때는 'When'으로 거의 다 된다. 분사구문을 만났을 때 당황하지 말고 위의 세 가지 해석 ❶ When ❷ Because ❸처럼 중 하나를 빨리 던지고 시작하면 된다.

6. They sat on the ground with him for seven
그들은 앉아있었다 땅위에 그와 함께 동안 7일

days and nights.
낮과 밤 동안.

on the ground, with him, for seven days… 세 개의 전치사구 모두가 부사적으로 사용되어있다. 해석은 고유의 의미대로 하면 된다.

Reading Practice With NIV

무료강의

1. You encourage them, and you listen to their cry, defending the fatherless and the oppressed.

⇨ ______________________________.

2. They set their arrows against the strings to shoot from the shadows at the upright in heart.

⇨ ______________________________.

3. I always thank my God for you because of his grace given you in Christ Jesus.

⇨ ______________________________.

4. You eagerly wait for our Lord Jesus Christ to be revealed.

⇨ ______________________________.

5. Being found in appearance as a man, he humbled himself by becoming obedient to death.

⇨ ______________________________________.

6. I was advancing in Judaism beyond many of my own age among my people and was extremely zealous for the traditions of my fathers.

⇨ ______________________________________

______________________________________.

7. This is what we speak, not in words taught us by human wisdom but in words taught by the Spirit, explaining spiritual realities with Spirit-taught words.

⇨ ______________________________________

____

______________________________________.

8. Having lost all sensitivity, they have given themselves over to sensuality so as to indulge in every kind of impurity, and they are full of greed.

⇨ ______________________________

____

______________________________.

9. But God chose the foolish things of the world to shame the wise; God chose the weak things of the world to shame the strong.

⇨ ______________________________

____

______________________________.

Reading Practice With NIV

(해설)

1. You encourage them, and you listen to their cry,
당신은 격려합니다 그들을, 그리고 당신은 듣습니다 그들의 부르짖음을.

defending the fatherless and the oppressed.
그리고 변호합니다 고아들을 그리고 억압받는 자들을.

2. They set their arrows against the strings to shoot from
그들은 둡니다 그들의 화살을 향해서 그 시윗줄 쏘려고 부터

the shadows at the upright in heart.
그림자 향해서 정직한 사람들 마음이.

〈the+형용사〉는 〈형용사+people〉로 해석한다. the upright=upright people.

3. I always thank my God for you because of his grace
나는 항상 감사한다 나의 하나님께 너를 때문에 그의 은혜

given you in Christ Jesus.
주어진 너에게 안에서 그리스도 예수.

thank 다음의 전치사 for는 감사한 이유를 설명할 때 사용된다.

4. You eagerly wait for our Lord Jesus Christ to be revealed.
너희는 간절히 기다려라 우리 주 예수 그리스도가 나타나시길.

5. Being found in appearance as a man, he humbled
그 때 발견되었을 때 모습으로 로서 인간, 그는 낮추셨다
himself by becoming obedient to death.
그 자신을 됨으로서 복종 죽음에.

Being found…는 분사구이다. 이런 경우의 해석은 〈When, Because, 처럼, Though〉 중에 하나를 정해서 하면 된다. 하지만 When으로 해석이 거의 된다.

6. I was advancing in Judaism beyond many of my own age
나는 전진하고 있었다 유대교에서 넘어 많은 사람 나의 세대
among my people and was extremely zealous
사이에서 나의 백성들 그리고 극도로 열성이었다
for the traditions of my fathers.
위해서 전통을 나의 조상들의

7. This is what we speak, not in words taught us by human
이것이 그것이다 우리가 말한, 아니라 말로 가르친 우리를 로서 인간의
wisdom but in words taught by the Spirit, explaining
지혜 (아니라)바로로 말로서 가르쳐진 로서 성령, 그리고 설명한다
spiritual realities with Spirit-taught words.
영적인 실체들을 가지고 성령이 가르쳐준 말들로.

관계대명사 what절은 명사로 주어, 목적어, 보어가 된다. 여기서는 Be동사 is의 보어로 사용되었다. 〈not A but B〉의 구조에 조심하자. 해석은 〈A가 아니라 바로 B다〉로 한다. 이 책의 〈중요구문〉 파트를 참조하라.

8. Having lost all sensitivity, they have given themselves over
그 때 잃었을 때 모든 민감성을, 그들은 내준다 자신들을

to sensuality so as to indulge in every kind of impurity,
육욕에 하기 위해서 만족을 에서 모든 종류의 추함,

and they are full of greed.
그리고 그들은 가득 채워진다 욕심으로.

〈Having lost …〉 분사구이다. 이런 경우의 해석은 〈When, Because, 처럼, Though〉 중에 하나를 정해서 하면 된다. 하지만 When으로 해석이 거의 된다.

9. But God chose the foolish things of the world to
그러나 하나님은 선택하셨다 미련한 것들을 세상의 그리고

shame the wise; God chose the weak things of
부끄럽게 하셨다 지혜로운 자들을; 하나님은 선택하셨다 약한 것들을

the world to shame the strong.
세상의 그리고 부끄럽게 하셨다 강한 자들을.

DAY 11

절의 명사적 사용

무료강의

바로 이전 장(章)까지 단어(Word)와 구(Phrase)를 가지고 문장 만드는 법을 배웠다. 이제부터는 절(clause)을 가지고 문장을 만드는 법을 배운다. 절(clause)을 가지고 문장을 만들면 단어와 구를 가지고 만드는 문장보다 정교하고 복잡한 문장을 만들 수 있다. 이것 때문에 영어문법에서 절(clause)이 등장한 이유도 된다. 우리가 **절(clause)을 가지고 문장을 만들 때도, 단어와 구(Phrase)를 가지고 문장을 만드는 것처럼 명사, 형용사, 부사의 개념으로 만든다.** 명사, 형용사, 부사의 개념만 이해하고 숙지하고 있다면 이번 장(章)도 쉽게 배울 수 있다. 자~ 다시 한 번 상기하자. 인간이 만든 모든 언어는 명사, 형용사, 부사의 개념을 이해하고 숙지하면 쉽게 정복할 수 있다!

절이 명사적으로 사용되면 **첫째, 주어로 사용된다.** 위치는 문장 맨 앞에 온다. 해석은 절이 끝날 무렵에 '은, 는, 이, 가'를 붙이면 된다. **둘째, 목적어로 사용된다. 목적어로 사용될 때는 동사 다음에 온다.** 우리는 항상 동사 다음에 오는 것들은 일단 목적어로 간주하는 습관을 가져야 한다. 해석은 절(clause)이 끝나는 부분에 '을, 를'을 붙이면 된다. **셋째는 보어로 사용된다. 단어, 구(Phrase)와 마찬가지론 Be동사 다음에 오는 것은 보어로 간주한다.** 그리고 해석이 '~것, ~이다'로 되면 명사적으로 쓰인 절(clause)이다. 절(clause)은 단어와 구(Phrase)처럼 형용사의 보어로는 사용되지는 않는다.

위의 설명을 정리하면 아래와 같다.

절의 명사적 사용: 단어와 구의 명사적 사용과 같다!

❶ **주어** 문장 맨 앞에 온다. / 해석은 : '은, 는, 이, 가'로 한다.

❷ **목적어** 동사 다음에 온다. / 해석은 : '을, 를'로 한다.

❸ **보어** Be 동사 다음에 온다. / 해석은 : '~것, ~이다.'로 한다.

Cook`s Tip

명사적으로 사용되는 절(clause)에는 ❶ 의문사 + 주어 + 동사 ❷ that + 주어 + 동사 ❸ What+ (주어) + 동사가 있다

Key Note 1

1 의문사 + 주어 + 동사

의문사가 단독(독립)으로 사용되면 의문문이 된다. 예를 들면 이런 것이다. Who are you? (너는 누구냐?) 여기서 Who는 독립적으로 사용되어서 의문문을 만들고 있다. 하지만 이것이 종속적으로 사용되면 명사절이 된다. '종속적'이란 단독으로 사용되지 못하고 다른 문장장치에 속해서 사용되는 것을 말한다. 예를 들면 이렇다. I know who you are. (나는 알고 있다 누구인지 네가) 이 문장에서 who you are는 동사 know의 목적어로 사용되었다. 즉, 동사 know에 종속된 문장이다. 이렇게 의문사 + 주어 + 동사는 종속적으로 사용되어서 단어와 구처럼 명사적으로 사용된다. 그리고 그 사용이 단어와 구(Phrase)의 명사적 사용과 똑같다.

Key Note 2

2 that + 주어 + 동사

〈that + 주어+ 동사〉가 〈의문사+주어+동사〉처럼 종속적으로 사용되면 명사가 되어서 주어, 목적어, 보어로 쓰인다. 우리는 이때 that을 관계대명사와 혼동하면 안 된다. 곧 배우겠지만 관계대명사 that은 명사 다음에 오며, 명사를 수식하는 역할을 한다. 아래 예문을 통해서 그 차이점을 이해하기 바란다.

EX **He found that she was wrong.** ⇨ 그는 알았다 그녀가 틀렸다는 것을. (여기서 that은 동사 found의 목적어 즉, 명사적으로 사용)

EX **He met the girl that was cute.** ⇨ 그는 만났다 그 소녀를 귀여운. (여기서 that은 명사 the girl를 수식하는 관계대명사로 사용되었다.)

Key Note 3

3 What + (주어) + 동사

What은 문장에서 관계대명사, 의문사 둘 다로 사용될 수 있다. 원래 모든 관계대명사(who, which, that)는 형용사적으로 사용되지만 관계대명사 what은 예외적으로 명사적으로 사용된다. 그리고 사용되는 방법이 의문사의 'what'과 거의 똑같기 때문에 구별하기가 쉽지 않다. 구별할 때는 해석으로 구별한다. 관계대명사 what은 '그것'이라고 해석이 되고 의문사의 what은 '무슨, 어떤'으로 해석이 된다. 예문을 한 번 보자.

EX **They don't know what he has in his hands.** ⇨ 그들은 모른다 무엇을 그가 가지고 있는지 그의 손안에. (여기서

what는 동사 know의 목적어로 사용된 의문사이다.)

EX What they need is only your prayer. ⇨ 그것 그들이 필요한 것은 오직 당신의 기도이다. (여기서 what는 관계대명사로 주어로 사용되었다.)

나중에 설명을 제대로 하겠지만 관계대명사 what은 원래 the thing which의 줄인 말이다. 즉, 선행사 (the thing)을 이미 가지고 있는 관계대명사 which의 준말이다. 예문을 보자.

EX They ask for the thing which they need. ⇨ 그들은 요청한다 그것을 그들이 필요한 것을. (여기서 the thing which를 한 단어로 쓰면 관계대명사 what이 된다.)

이렇게 'the thing which'을 한 단어 'what'으로 줄인 것은 처음에 영문법이 만들어질 때 그렇게 하자고 약속을 했기 때문이다. 오래전에 그렇게 하기로 했기 때문에 우리는 약속만 지키면 된다. 그냥 단순하게 숙지하고 사용하면 된다. 그리고 what 대신에 the thing which를 대입해서 문장이 되면 what이 관계대명사로 쓰였다는 것을 쉽게 알 수 있다. 수학의 대입법처럼 말이다.

Cook`s Note

명사적으로 쓰인 절(clause)을 총정리하면 아래와 같다.

❶ 의문사+주어+동사: (의문사절)
❷ that+주어+동사: (that절),
❸ what+(주어)+동사: (관계대명사 what)

그리고 의문사의 종류는 아래와 같다.

❶ who(누가) ❸ where(어디서) ❺ how(어떻게)
❷ when(언제) ❹ what(무엇을) ❻ why(왜)

해석연습 모든 해석을 DR로 하시면 쉽고, 편하게 독해를 할 수 있습니다.

1. That's why I never demand my rights.

⇨ ______________________________

______________________________.

2. Then Naomi heard in Moab that the Lord had blessed his people in Judah.

⇨ ______________________________

______________________________.

3. He sees how good is his resting place and how pleasant is his land.

⇨ ______________________________

______________________________.

4. His sister stood at a distance to see what would happen to him.

⇨ ______________________________

______________________________.

5. What have you found would belong to your household.

⇨ ______________________________

______________________________.

6. You do not know when that time will come.

⇨ ______________________________

______________________________.

7. You have no idea where I come from or where I am going.

⇨ ______________________________

______________________________.

해석 및 풀이

1. That's why I never demand my rights.
그것은 이다 왜 내가 결코 요구하지 않았던 나의 권리를.

여기서 why는 Be동사 is 다음에 나왔기 때문에 명사 보어로 쓰였다. 해석은 '왜 ~하던'라고 하면 된다. 참고로 여기서 why는 관계부사가 아니다. 만약에 why가 관계부사로 사용되면 선행사(the reason)가 반드시 와야 한다. 그리고 해석은 명사수식의 형용사처럼 동사부분을 '는, 던'으로 한다.

2. Naomi heard in Moab that the Lord had blessed
나오미는 들었다 모압에서 여호와께서 축복했던 것을

his people in Judah.
그의 사람들을 유대에 있는.

that은 동사 heard의 목적어로 사용되었다. 조심해야 되는 것은 이때 that은 Moab를 수식하는 관계대명사가 아니다. in Moab이 부사구로 삽입된 것이다. 해석은 that절에 나오는 동사 had blessed에 '을, 를'을 붙이면 된다. that는 명사절이라는 표시에 불구하다. 해석을 따로 하지 않는다.

3. He sees how good is his resting place and
그는 알았다 얼마나 좋은지 그의 휴식처가 그리고

how pleasant is his land.
얼마나 쾌적한지 그의 땅이.

how는 동사 sees에 걸리는 명사절이다. 관계부사가 아니다. 해석은 '어떻게~ 하다'라고 하면 된다. 뒤에 나오는 how도 동사 sees에 걸리는 목적절이다. 해석도 마찬가지로 '어떻게(얼마나)~ 하다'라고 하면 된다.

4. His sister stood at a distance to see
그의 누나는 서있었다 멀리서 그리고 보았다

what would happen to him.
무슨 일 일어났는지 그에게.

what은 여기서 동사 see에 걸리는 의문사절, 즉 명사절의 목적어로 사용되었다. 해석은 '무슨(일), 어떤(일)'이라고 하면 된다. at a distance는 부사적으로 쓰인 전치사구이다. to see는 To부정사의 부사적 사용 중에서 사건의 2진행으로 사용되었다. 해석은 'and saw'라고 하면 된다. 과거 동사 saw로 해석하는 이유는 모든 문장의 시제는 본동사를 따르기 때문이다. 여기서 본동사는

stood(stand의 과거형)이다.

5. What you found would belong to your household.
그것은 네가 찾았던 그것은 아마로 귀속될 것이다 너의 집안에.

What은 여기서 관계대명사 what, 주어로 사용되었다. 해석은 주어이므로 '그것은…'라고 하면 된다. 그리고 주어가 What 대신에 The thing which를 대입하면 이것이 관계대명사인지를 쉽게 알 수 있다. 그리고 주어가 2단어 이상일 때는 주어가 끝날 무렵에 주어인식을 해주는 습관을 가지자. 주어가 사물이므로 '그것은'이라고 하면 된다.

6. You do not know when that time will come.
너희는 알지 못한다 언제 그 때가 올 것인지를.

when은 여기서 동사 know에 걸리는 명사절, 즉, 목적어로 사용되었다. when은 '언제'라고 해석해주고 종속절 동사 come이 끝날 무렵 '을, 를'을 붙이면 된다.

7. You have no idea where I come from or where
너희는 알지 못한다 어디에서 내가 왔는지를 또는 어디로

I am going.
내가 가는지를.

여기서 where는 동사구 have no idea의 목적어로 걸린 명사절로 사용되었다. 해석은 where를 '어디서'라고 하고, 종속절 동사 come이 끝날 무렵 '을, 를' 붙이면 된다. 뒤에 나오는 where도 마찬가지로 have no idea의 목적어로 걸린 명사절이다. 해석은 where를 '어디로' 하고 종속절 동사 am going이 끝날 무렵 '을, 를'을 붙이면 된다.

Reading Practice With NIV

1. He testifies to what he has seen and heard, but no one accepts his testimony.

⇨ ______________________________ .

2. Brothers and sisters, think of what you were when you were called.

⇨ ______________________________ .

3. whoever hears my word and believes him who sent me has eternal life and will not be judged.

⇨ ______________________________ .

4. You will know that I am he and that I do nothing on my own but speak just what the Father has taught me.

⇨ ______________________________ .

5. It is because of him that you are in Christ Jesus, who has become for us wisdom from God.

⇨ ____ .

6. What we have received is not the spirit of the world, but the Spirit who is from God.

⇨ ____ .

7. I hope, therefore, to send him as soon as I see how things go with me. And I am confident in the Lord that I myself will come soon.

⇨ ____

____ .

8. Anyone who chooses to do the will of God will find out whether my teaching comes from God or whether I speak on my own.

⇨ ____

____ .

9. As a result, it has become clear throughout the whole palace guard and to everyone else that I am in chains for Christ.

⇨ ____

____.

Reading Practice With NIV

(해설)

1. He testifies to what he has seen and heard, but no one
그는 증언한다 대해 그것 그들이 보았던 그리고 들었던, 그러나 누구도

accepts his testimony.
받지 않는다 그의 증언을.

부정어가 있는 문장을 해석할 때는 무조건 동사를 부정한다. 우리 국어는 동사만 부정하지만 영어는 명사, 형용사, 부사 등 다양한 방법으로 부정을 한다.

2. Brothers and sisters, think of what you were you when
형제들과 자매들이여, 생각하라 무엇이었는지 너희들이 그때

were called.
부름 받았을 (때).

〈접속사+주어+동사〉를 해석할 때는 먼저 접속사 해석을 하고 동사부분에서 한 번 더 해주면 더욱 정확한 해석이 된다.

3. Whoever hears my word and believes him who sent me
누구든지 듣는 나의 말을 그리고 믿은 그를 보냈던 나를

has eternal life and will not be judged.
(그들은) 갖는다 영생을 그리고 받지 않는다 심판을.

Whoever … sent me까지가 주어다. NIV는 이렇게 주어가 길게 나오는 경우가 빈번하다. 이렇게 주어가 긴 경우에는 반드시 주어인식을 해준다. 해석은 주어가 사람이면 '이 사람은' 사물이면 '이것은'이라고 하면 된다. 문장이 복잡해질수록 주어를 인식을 해주는 것이 매우 중요하다.

4. You will know that I am he and that I do
너희는 알 것이다 내가 인 것을 그 사람 그리고 내가 할 수 없다고

nothing on my own but speak just what the Father
어떤 것도 나의 힘으로 그러나 말하는 것을 단지 그것을 아버지가

has taught me.
가르쳐준 것을 네게.

부정어가 있는 문장을 해석할 때는 무조건 동사를 부정한다. 우리 국어는 동사만 부정하지만 영어는 명사, 형용사, 부사 등 다양한 방법으로 부정을 한다.

5. It is because of him that you are in Christ Jesus, who
그것은 이다 때문에 그분 너희가 있다고 그리스도 예수,

has become for us wisdom from God.
되는 위해서 우리를 지혜가 부터 하나님.

who은 여기서 관계대명사로 사용되었으며 해석은 동사 부분을 '는, 던'으로 하면 된다.

6. What we have received is not the spirit of the world, but
그것은 우리가 받은 (그것은) 아니다 영이 세상의 바로

the Spirit who is from God.
성령이다 온 하나님으로부터.

〈What we … 〉 관계대명사로서 주어로 사용되었다. 주어인 식을 꼭 해준다. 〈not A but B〉의 구조에 조심하자. 해석은 〈A가 아니라 바로 B다〉로 한다. 이책의 〈중요구문〉 파트를 참조하라.

7. I hope, therefore, to send him as soon as I see
나는 소망한다, 그러므로, 보내는 것을 그를 가능한 빨리 내가 알 수 있도록

how things go with me. And I am confident in
어떻게 일들이 되고 있는지 함께 나와. 그리고 나는 확신한다 안에서

the Lord that I myself will come soon.
주님 내 자신이 올 것이라고 곧.

여기서 that는 〈am confident〉의 목적어로 사용되었다. 이것은 〈be sure that+주어+동사〉와 같은 개념이다.

8. Anyone who chooses to do the will of God will find out
누구든지 선택하는 하길 그뜻을 하나님의 (그들은) 알게 될 것이다

whether my teaching comes from God or whether
인지 나의 가르침이 오는지를 부터 하나님 또는 인지

I speak　on my own.
내가 말하는지를　내 스스로.

Anyone who … God이 주어다. 주어가 아주 길게 나오고 있다. 주어인식을 꼭 하자. 주어가 긴 경우에는 반드시 주어인식을 해준다. 해석은 주어가 사람 이면 '이 사람은' 사물이면 '이것은'이라고 하면 된다. 문장이 복잡해질수록 주어를 인식을 해주는 것이 매우 중요하다.

9. As a result, it has become clear throughout
로서 결과,　그것은 되었다　명백하게 통틀어

the whole palace　guard and　to everyone　else
그　모든　궁궐의　간수　그리고 에게 모든 사람　그 밖의

that I am in chains　for Christ.
내가 있다는 것이 매여서　위해서 그리스도를.

it은 여기서 가주어이고 that이하가 진주어다. 쉽지 않은 구조다. 여러 번 읽어서 이런 구조가 익숙해야 한다. 여러 번 보면 곧 익숙해진다.

DAY 12

절의 형용사적 사용

무료강의

이번에는 절(Clause)이 형용사적으로 사용되는 것을 배운다. 여러분도 눈치를 챘겠지만 **절이 형용사로 쓰이는 것은 단어와 구(Phrase)가 형용사로 사용되는 것과 똑같다.** 필자는 계속해서 똑같은 설명을 반복하고 있다. 반복을 통해서 자동적으로 학습이 되도록 하기 위함이다. 절을 가지고 문장을 만들면 단어와 구를 가지고 만드는 문장보다 정교하고 복잡한 문장을 만들 수 있다. 이것이 영문법에서 절(Clause)이 등장한 이유기도 하다. 우리가 절을 가지고 문장을 만들 때도, 단어와 구를 가지고 문장을 만드는 것처럼 명사, 형용사, 부사의 개념으로 만든다. 앞에서 명사, 형용사, 부사의 개념을 이해하고 숙지하였다면 이번 장도 쉽게 배울 수 있다. 자~ 다시 한 번 상기하자. 인간이 만든 모든 언어는 명사, 형용사, 부사의 개념을 가지면 보면 쉽게 정복할 수 있다.

절(Clause)은 형용사적으로 사용될 수 있다. **절(clause)이 형용**

사가 되면 명사수식을 하는 역할을 한다. 하지만 단어와 구와는 다르게 형용사적 보어로는 사용되지 않는다. 절(Clause)이 명사를 수식할 때는 '수식의 원칙[1]'에 의해서 명사 뒤에서만 수식을 한다. 절(Clause)은 태생적으로 반드시 2개 이상의 단어를 소유하기 때문이다. **해석은 종속절에 나오는 동사 부분에 '는, 던'을 붙이면 된다.** 이때 형용사절을 만드는 관계대명사 'who, which, that …'과 관계부사 'when, where, why …'는 따로 해석하지 않는다. 그것들은 단순히 형용사절이라고 알려주는 표시에 불과하기 때문이다.

위의 설명을 정리하면 아래와 같다.

절의 형용사적 사용: 단어와 구의 형용사적 사용과 같다.

① **명사수식** 명사 뒤에 온다 / 해석은 '~는, ~던'으로 한다.

---

1 영어에서 수식의 원칙이란? 혼자서(단독으로) 꾸밀 때는 명사 바로 앞에서, 2개 이상의 단어로 수식할 때는 명사 뒤에서 수식하는 것을 말한다. 형용사적으로 쓰이는 To부정사, 전치사구, 관계대명사, 관계부사는 이 원칙에 따라서 명사 뒤에서만 수식을 한다. EX the girl to be in the room(To부정사), the girl in the room(전치사구), the girl who is in the room(관계대명사).

Cook`s Note

형용사로 쓰이는 절(Clause)에는 관계대명사, 관계부사가 있다.

1 **관계대명사의 종류** who, which, that

2 **관계부사의 종류** when, where, why, how

※ 관계대명사, 관계부사는 형용사이지만 보어로는 사용되지 않는다.

해석연습 모든 해석을 DR로 하시면 쉽고, 편하게 독해를 할 수 있습니다.

1. These are the nations that the Lord left in the land.

⇨ ______________________________

______________________________.

2. Deborah was a prophet who was judging Israel at that time.

⇨ ______________________________

______________________________.

3. Speak to them: When you enter the land to which I am taking you.

⇨ ______________________________

______________________________.

4. The time is coming when you will long to see the Son of Man.

⇨ ____

____.

5. Those who were well fed are now starving.

⇨ ____

____.

6. Live in the land where I tell you to live.

⇨ ____

____.

7. That is the reason why I am so eager to preach the gospel.

⇨ ____

____.

8. See (the way) how the farmer waits for the land to yield its valuable crop.

⇨ ____

____.

해석 및 풀이

1. These are the nations that the Lord left in the land.
이것들이 이다 그 나라들 여호와계서 남겨두셨던 그 땅에.

여기서 that은 명사(선행사) nations 뒤에서 수식을 하는 관계대명사(형용사절)이다. 해석은 그 다음에 나오는 동사 left에 '는, 던'을 붙이면 된다. 참 쉽죠?

2. Deborah was a prophet who was judging Israel
데보라는 이었다 선지자 다스렸던 이스라엘을

at that time.
그 당시에.

who는 앞의 명사(선행사) a prophet을 수식하는 관계대명사(형용사절)이다. 해석은 그 다음에 나오는 동사구 was judging에 '는, 던'을 붙이면 된다.

3. Speak to them: When you enter the land
말해라 그들에게: 그때 너희들이 들어갈 때 그 땅에

to which I am taking you.
내가 인도하는 너희들을.

to which는 앞의 명사(선행사) the land를 수식하는 관계대명사이다. 관계대명사 that를 제외한 나머지 관계대명사들은 전치사를 자신의 바로 앞에 두는 것을 좋아한다. 원래는 이런 형태다. the land I am taking you to (the land) 이다. 해석은 to를 따로 해석하지 않고 보통의 관계대명사들처럼 동사부분 'am taking'에 '는, 던'만 붙이면 된다. 전치사는 굳이 해석할 필요가 없다.

4. The time is coming when you will long to see
그 때가 오고 있다 너희가 원하는 보기를

the Son of Man.
인자(人子)를.

이 문장은 조심스럽게 봐야한다. 관계부사 when의 선행사(명사) The time이 멀리 떨어져있기 때문이다. 그 이유는 when 이하 문장이 The time 바로 뒤에 붙으면 주어가 너무 길어져서 본동사 'is coming'을 인식하기 쉽지 않기 때문이다. 실제로 한 번 보자. The time when you will long to see the Son of Man is coming. 주어가 너무 길지 않은가? 그래서 영문법에서는 주어, 목적어에 대한 수식이 길어지면, 수식하는 구와 절을 문장 맨 뒤로 몰아놓은 방법을 취한다. 해석은 보통의 관계부사와 같이 when은 따로 해석하지 않고 동사부분인 'will long'에 '는, 던'을 붙인다. 단어 'long'은 동사로 쓰이면 '원하다, 갈망하다'의 뜻이 된다. 품사가 변하면서 단어의 뜻이 변하는 동사들을 잘 정리하자.

5. Those who were well fed are now starving.
그 사람들 잘 먹었던 그들이 이제 굶주릴 것이다.

Those는 This의 복수형이다. This가 명사일 때는 크게 3가지 뜻 ❶이 사람 ❷이 것 ❸이 곳이 있다. Those는 여기서 '이 사람'의 복수 형태이다. 관계대명사 who는 앞의 명사(선행사) Those를 수식하고 있다. 해석은 동사부분 were well fed에 '는, 던'을 붙이면 된다. 참고로 Those who +주어 +동사는 너무나 많이 사용되어서 관용적으로 '사람들~하는'로 쓰인다. 주어가 2단어 이상이므로 '그들이'라고 주어인식을 해주었다.

6. Live in the land where I tell you to live.
살아라 그 땅에서 내가 말한 너희가 살기로.

where은 앞의 명사(선행사) the land를 수식하는 관계부사이다. where은 따로 해석하지 않고 동사인 tell에 '는, 던'을 붙이면 된다.

7. That is the reason why I am so eager to preach
그것이 이다 그 이유다 내가 그렇게 열심히 전파하던

the gospel.
복음을.

why는 앞의 나오는 명사(선행사) the reason을 수식하는 형용사절, 즉 관계부사이다. why는 따로 해석하지 않고 동사 부분인 am so eager to preach에 '는, 던'을 붙이면 된다.

8. See (the way) how the farmer waits for the land
보아라 어떻게 그 농부가 기다리는지를 그 땅이

to yield its valuable crop.
생산하기를 그것의 소중한 곡물을.

how는 앞의 명사 (the why)를 수식하는 관계부사이다. 그런데 영문법에서는 'the way how …' 이런 식으로 the way 와 how를 동시에 둘 다 사용하지 않는다. 그 이유는 하나를 생략해도 충분히 그 의미를 알 수 있기 때문일 것이다. 해석하는 방법은 다른 관계부사와는 다르게 how는 해석을 '어떻게'라고 한다. 이유는 선행사(the way)가 생략되어 있기 때문에 how 해석을 하지 않으면 의미가 통하지 않기 때문이다. 그리고 동사 부분 waits for에 '는,

던'이 아닌 '을, 를' 을 붙인다. 이유는 선행사 the way가 생략되었기 때문에 'how the farmer wait …'는 동사 See의 목적절로 사용되고 있기 때문이다.

이번에는 how가 생략된 문장을 보자. EX **See the way (how) the farmer waits for the land to yield its valuable crop.** 이때 the farmer waits … 이하 문장은 앞의 명사 the way를 수식하는 형용사 절이 된다. 그래서 해석은 동사인 waits에 '는, 던'을 붙이면 된다. =〉 보아라 그 방법을 그 농부가 기다리는 그 땅이 생산하는 것을 그것의 귀중한 곡물을.

Reading Practice With NIV

1. The true light that gives light to everyone was coming into the world.

⇨ ______________________________.

2. Those who know your name trust in you, for you, Lord, have never forsaken those who seek you.

⇨ ______________________________.

3. The one who comes from above is above all; the one who is from the earth belongs to the earth.

⇨ ______________________________.

4. But here is the bread that comes down from heaven, which anyone may eat and not die.

⇨ ______________________________.

5. By this he meant the Spirit, whom those who believed in him were later to receive.

⇨ ______________________________ .

6. For this reason I kneel before the Father, from whom every family in heaven and on earth derives its name.

⇨ ______________________________ .

7. And do not grieve the Holy Spirit of God, with whom you were sealed for the day of redemption.

⇨ ______________________________ .

8. Do not get drunk on wine, which leads to debauchery. Instead, be filled with the Spirit.

⇨ ______________________________ .

9. The day on which this took place was a Sabbath, and so the Jewish leaders said to the man who had been healed.

⇨ ______________________________.

10. He who descended is the very one who ascended higher than all the heavens, in order to fill the whole universe.

⇨ ______________________________.

11. For God, who was at work in Peter as an apostle to the circumcised, was also at work in me as an apostle to the Gentiles.

⇨ ______________________________.

12. We who are Jews by birth and not sinful Gentiles know that a person is not justified by the works of the law, but by faith in Jesus Christ.

⇨ ______________________________

______________________________.

13. Before the coming of this faith, we were held in custody under the law, locked up until the faith that was to come would be revealed.

⇨ ____

____.

Reading Practice With NIV

(해설)

1. The true light that gives light to everyone was coming
그 참된 빛은 주는 빛을 모두에게 (그것은) 왔다
into the world.
세상으로.

주어가 긴 경우에는 반드시 주어인식을 해준다. 해석은 주어가 사람이면 '이 사람은' 사물이면 '이것은'이라고 하면 된다. 문장이 복잡해질수록 주어인식을 해주는 것이 매우 중요하다.

2. Those who know your name trust in you, for you,
사람들 아는 당신의 이름을(그들은)신뢰한다 당신을 왜냐하면 당신,
Lord, have never forsaken those who seek you.
주님은, 결코 버리지 않기 때문에 사람들을 찾는 당신을.

주어가 긴 경우에는 반드시 주어인식을 해준다.

3. The one who comes from above is above all; the one
그 사람 온 위로부터 (그는) 위에 있다 모든 것 그 사람
who is from the earth belongs to the earth.
온 부터 땅에서 (그는) 속한다 땅에.

주어가 긴 경우에는 반드시 주어인식을 해준다.

4. But here is the bread that comes down from heaven,
그러나 있다 빵이 내려오는 하늘로부터,

which anyone may eat and not die.
누구든지 먹어도 되는 그리고 죽지 않는.

명사만 있다면 관계대명사는 횟수에 제한 없이 올 수 있다. 우리도 명사를 수식할 때 관계대명사를 마음껏 사용하자.

5. By this he meant the Spirit, whom those who believed
로서 이것 그는 의도하였다 성령을, 사람들 믿었던

in him were later to receive.
그를 (그들이) 후에 받을.

관계대명사를 단순히 형용사로 인식하고 사용하면 우리도 이런 문장을 영작할 수 있다. 주어가 긴 경우에는 반드시 주어인식을 해준다.

6. For this reason I kneel before the Father, from whom
이런 이유로 나는 무릎 꿇었다 앞에서 아버지

every family in heaven and on earth derives its name.
모든 가족이 하늘과 땅의 (그들이) 얻은 그 이름을.

관계대명사 앞에 전치사는 해석을 할 필요가 없다. 보통의 관계대명사처럼 동사부분을 '는, 던'으로 해석하면 된다. 우리는 관계대명사 앞에 전치가 나오면 쓸데없이 어려워 하는 경우가 있다. 원래 뒤에 있던 것을 단순히 관계대명사 앞에 둔 것뿐이다.

7. And do not grieve the Holy Spirit of God, with whom
그리고 슬프게 하지 마라 성령을 하나님의

you were sealed for the day of redemption.
네가 인침을 받았던 위해서 그날 구속의.

관계대명사 앞에 전치사는 해석을 할 필요가 없다. 원래처럼 동사부분을 '는, 던'으로 해석하면 된다.

8. Do not get drunk on wine, which leads to debauchery.
하지마라 술 취하지 와인에, 이끄는 방탕으로.

Instead, be filled with the Spirit.
대신에 가득 채워라 성령으로.

9. The day on which this took place was a Sabbath, and so
그 날 이것이 발생했던 (그날은) 이었다 안식일, 그리고 그래서

the Jewish leaders said to the man who had been healed.
유대 지도자들은 말했다 그 사람에게 낫게 되었던.

관계대명사 앞에 전치사는 해석을 할 필요가 없다. 원래처럼 동사부분을 '는, 던'으로 해석하면 된다. 주어가 긴 경우에는 반드시 주어인식을 해준다.

10. He who descended is the very one who ascended
그는 내려왔던 (그가) 이다 바로 그 사람 올라갔던

higher than all the heavens, in order to fill the whole
더 높게 보다 모든 하늘, 하기 위해서 채우기 그 전

universe.
우주를.

11. For God, who was at work in Peter as an apostle to
왜냐하면 하나님은, 일하셨던 안에서 베드로 로서 사도 에게

the circumcised, was also at work in me as an apostle to
할례받은자들, (그분이) 또한 일하시기 때문에 내 안에서 사도로서 에게

the Gentiles.
이방인.

God를 관계대명사 who가 수식하면서 주어가 엄청나게 길어졌다. 이제 우리는 이런 것에 익숙해져야 한다.

12. We who are Jews by birth and not sinful Gentiles know
우리 유대인 태어날 때 그리고 아닌 죄악의 이방인들이 (우리는) 안다

that a person is not justified by the works of the law,
사람은 의로워질 수 없다고 일로서 율법의

but by faith in Jesus Christ.
바로 믿음으로(의로워진) 안에서 예수 그리스도.

주어가 긴 경우에는 반드시 주어인식을 해준다. 해석은 주어가 사람이면 '이 사람은' 사물이면 '이것은'이라고 하면 된다. 문장이

복잡해질수록 주어를 인식 해주는 것이 매우 중요하다.

13. Before the coming of this faith, we were held in custody
전에 도래 이 믿음, 우리는 잡혔다 안에 보호

under the law, locked up until the faith that was to come
아래 율법, 잠겨진 까지 믿음이 오기로 했던 (그것이)

would be revealed.
아마도 드러날 때까지.

〈until+주어+동사〉 구조에서 주어가 길어졌다. 이때도 반드시 주어인식을 해주어야 한다. 그렇지 않으면 정확한 해석이 나올 수 없다.

DAY 13

절의 부사적 사용

무료강의

절(Clause)은 단어, 구와 마찬가지로 부사적으로도 사용된다. **절(Clause)이 부사적으로 사용되는 것은 단어와 구가 부사적으로 사용되는 것의 개념과 사용이 똑같다.** 하지만 절(Clause)이 부사적으로 사용될 때는 긴 문장으로 오기 때문에 단어와 구가 오는 경우보다 상대적으로 인식하는 것이 어렵다. 절(Clause)이 부사적으로 사용될 때는 거의 대부분 문장 맨 앞에 온다. 물론 후미에도 올 수 있다. 이 책에서는 절(Clause)이 문장 맨 앞 오는 경우를 주로 배우고 연습한다.

절(Clause)이 부사적으로 사용될 때는 문장전체를 수식하는 부사(절)로 사용된다. 해석은 따로 정형화되지 않는다. 문장에 맞게 다양하게 하면 된다. 앞에서 단어와 구가 부사적 사용되는 것을 제대로 이해하고 숙지하고 있다면 이번 장(章)도 쉽게 배울 수 있다. 원리가 똑같기 때문이다.

위의 설명을 정리하면 아래와 같다.

절의 부사적 사용: 단어와 구의 부사적 사용과 같다!

❶ 문장 전체 수식 문장 맨 앞에: (주어와 혼돈하지 말기) / 해석은 다양하다.

절(clause)이 부사적으로 사용될 때는 문장 맨 앞에 온다. 문장 맨 뒤에도 올 수도 있지만 이것 또한 문장 전체를 수식하는 경우다. '문장전체를 수식'한다는 말을 좀 더 자세하게 설명하면 어떤 특정 단어와 구를 수식하지 않는다는 것이다. 형용사가 명사 뒤에서 명사를 수식하는 것과 대조된다. 그래서 필자는 이것을 '문장 전체수식'이라고 명명하였다. 이것을 다른 이름으로 '부사절'이라고 해도 좋다. '부사절'이라는 이름도 절(Clause)이 부사적으로 사용된 것을 알려주기 때문이다. 절(Clause)이 부사적으로 사용될 때의 해석은 다양하다. 부사절을 이끄는 접속사 고유의 해석으로 하면 된다. **부사절을 만드는 접속사의 종류에는 ❶ when(~때) ❷ because(~ 때문에) ❸ since(이후로, ~ 때문에) ❹ though(~이지만) ❺ if(~라면) 등이 있다.**

해석연습 모든 해석을 DR로 하시면 쉽고, 편하게 독해를 할 수 있습니다.

1. While he was still speaking, another messenge arrived with this news.

⇨ ______________________________

______________________________.

2. When Ruth went back to work again, Boaz ordered his young men.

⇨ ______________________________

______________________________.

3. If you do not act, my son Solomon and I will be treated as criminals.

⇨ ______________________________

______________________________.

4. Though you offer many prayers, I will not listen.

⇨ ______________________________

______________________________.

5. As we read the Word of God, we can see His love and intention.

⇨ ______________________________________

______________________________________.

6. For I will not give you any of their land, do not provoke them to war.

⇨ ______________________________________

______________________________________.

해석 및 풀이

1. While he was still speaking, another messenger arrived
동안에 그가 여전히 말하고 있는 동안에, 다른 사자가 도착했다

with this news.
가지고 이 소식을.

While은 문장 맨 앞에서 부사절을 만들고 있다. 해석은 원래 While 고유의 의미대로 '~동안'이라고 하면 된다. 그리고 Tip 하나! 부사절이 끝나는 부분에서 위의 해석처럼 한 번 더 해석을 해 주면 더욱 정확하고 멋진 해석이 된다.

2. When Ruth went back to work again, Boaz ordered
그 때 룻이 돌아가서 일할 때 다시, 보아스는 명령했다

his young men.
그의 젊은이들에게.

When은 문장 맨 앞에서 부사절을 만들고 있다. 해석은 원래 When 고유의 의미대로 '~할 때'라고 하면 된다. 그리고 부사절이 끝나는 부분에서 위의 해석처럼 한 번 더 처리해주면 더욱 정확하고 멋진 해석이 된다.

3. If you do not act, my son Solomon and I will be treated
만약에 당신이 행동하지 않는다면, 나의 아들 솔로몬과 나는 취급받을 것이다

as criminals.
죄인처럼.

If는 문장 맨 앞에서 부사절을 만들고 있다. 해석은 원래 If 고유의 의미대로 '만약에'라고 하면 된다.

4. Though you offer many prayers, I will not listen.
비록 네가 드리지만 많은 기도를, 나는 듣지 않을 것이다.

Though는 문장 맨 앞에서 부사절을 만들고 있다. 해석은 원래

Though 고유의 의미대로 '만약에' 라고 하면 된다.

5. As we read the Word of God, we can see
그 때 우리가 읽을 때 말씀을 하나님의, 우리는 알 수 있다

His love and intention.
그분의 사랑과 의도를.

As[1]는 문장 맨 앞에서 부사절을 만들고 있다. 해석은 원래 As가 가지고 있는 해석 중에 일단 when으로 하면 된다. As+S+V 구조가 되면 As는 When으로 해석이 70% 이상 된다.

6. For I will not give you any of their land,
왜냐하면 내가 주지 않기 때문에 너희에게 어떤 그들의 땅도,

do not provoke them to war.
자극 하지 말라 그들이 전쟁하도록.

For은 문장 맨 앞에서 부사절을 만들고 있다. For 다음에 주어 + 동사 구조가 오면 이 때 For는 접속사로서 Because의 의미를

1 As가 접속사로 사용되면 다섯 까지 정도❶ When ❷ Because ❸ 처럼 ❹ 로서 ❺ Though 로 해석이 되는데 막상 실전독해에서는 거의 'When'하나로 해석을 하면 된다. 달리 말하면 문장 속에서 As+ 주어 + 동사가 나오면 일단 무조건 '~때'라고 해석을 하면 된다. '~때'가 어색하면 '~ 때문에(because)' '~처럼' 순으로 해석하면 된다. 하지만 거의 'when'로 해석하면 다 될 것이다.

갖는다. 그리고 For 다음에 명사가 오면 전치사구가 된다. 이때는 For는 원래 의미인 '위해서, ~동안'등으로 해석된다. 여기서는 For + 주어+동사 구조가 왔기 때문에 Because로 해석한다.

Reading Practice With NIV

1. When it was almost time for the Jewish Passover, Jesus went up to Jerusalem.

⇨ ______________________________ .

2. They did not realize that Joseph could understand them, since he was using an interpreter.

⇨ ______________________________ .

3. Although I am right, I am considered a liar; although I am guiltless, his arrow inflicts an incurable wound.

⇨ ______________________________ .

4. No one can come to me unless the Father who sent me draws them, and I will raise them up at the last day.

⇨ ____.

5. You know that the Lord will reward each one for whatever good they do, whether they are slave or free.

⇨ ____.

6. You are looking for me, not because you saw the signs I performed but because you ate the loaves and had your fill.

⇨ ____

____.

7. For the message of the cross is foolishness to those who are perishing, but to us who are being saved it is the power of God.

⇨ ____

____.

8. If anyone builds on this foundation using gold, silver, costly stones, wood, hay or straw, their work will be shown for what it is.

⇨ ____

____.

9. I am astonished that you are so quickly deserting the one who called you to live in the grace of Christ and are turning to a different gospel.

⇨ ____

____.

Reading Practice With NIV

(해설)

1. When it was almost time for the Jewish Passover,
그 때 거의 시간이었을 (때) 위한 유대인의 유월절,

Jesus went up to Jerusalem.
예수님은 올라가셨다 으로 예수살렘.

〈접속사+주어+동사〉를 해석할 때는 먼저 접속사 해석을 하고 동사부분에서 한 번 더 해주면 더욱 정확한 해석이 된다.

2. They did not realize that Joseph could understand them,
그들은 못했다 깨닫지 요셉이 이해할 수 있다고 그들의 말을,

since he was using an interpreter.
왜냐하면 그는 사용하고 있었기 (때문에) 통역사를.

〈접속사+주어+동사〉를 해석할 때는 먼저 접속사 해석을 하고 동사부분에서 한 번 더 해주면 더욱 정확한 해석이 된다.

3. Although I am right, I am considered a liar; although
비록 내가 옳더라도, 나는 여겨진다 거짓말쟁이로 비록

I am guiltless, his arrow inflicts an incurable wound.
나는 죄가 없지만, 그의 화살은 가한다 치료하지 못할 부상을.

4. No one can come to me unless the Father who sent me
어떤 사람도 올 수 없다 나에게 만약에 아버지 보내신 나를 (그분이)

draws them, and I will raise them up at the
이끌지 않으면 그들을, 그리고 나는 일으켜 세울 것이다 그들을

last day.
마지막 날에.

〈until+주어+동사〉 구조에서 주어가 길어졌다. 이때도 반드시 주어인식을 해주어야 한다. 그렇지 않으면 정확한 해석이 나올 수 없다.

5. You know that the Lord will reward each one for
너희는 알고 있다 주님이 보답하실 것을 각각 대해서

whatever good they do, whether they are slave or free.
어떤 선한일이든 그들이 한, 이든 그들이 노예든 자유자이든.

전치사 for의 목적어로 〈whatever+주어+동사〉와 〈whether+주어+동사〉가 왔다.

6. You are looking for me, not because you saw the signs
너희는 찾고 있다 나를, 아니라 때문에 너희가 보았기 그 이적들을

I performed but because you ate the loaves and
내가 행했던 바로 때문에 너희가 먹었기 그 떡들을 그리고

had your fill.
먹었기 배불리.

이 문장의 하이라이트는 〈not A but B〉구조다. 해석은 〈A

가 아니라 바로 B다〉로 한다. 이 책의 〈중요구문〉 파트를 참조하라.

7. For the message of the cross is foolishness to
왜냐하면 그 메시지는 십자가의 (이것은) 미련함이기 (때문에) 에게

those who are perishing, but to us who are being saved it
사람들 멸망하고 있는 그러나 우리에게 구원받고 있는 이것은

is the power of God.
능력이다 하나님의.

〈접속사+주어+동사〉를 해석할 때는 먼저 접속사 해석을 하고 동사부분에서 한 번 더 해주면 더욱 정확한 해석이 된다. 주어가 2단어 이상이면 주어인식을 해준다.

8. If anyone builds on this foundation using gold, silver,
만약에 누구든지 세운다면 위에 이 기초 사용해서 금, 은,

costly stones, wood, hay or straw, their work will be shown
비싼 돌들, 나무, 건초 또는 짚, (그러면) 그들의 일은 보일 것이다

for what it is.
대해 무엇인지 그것이.

〈접속사+주어+동사〉를 해석할 때는 먼저 접속사 해석을 하고 동사부분에서 한 번 더 해주면 더욱 정확한 해석이 된다. If 다음에 긴 문장이 나오고 있다. 〈If+주어+동사, 주어+동사〉가 눈에 보여야 한다.

9. I am astonished that you are so quickly deserting the one
나는 놀란다 왜냐하면 너희들이 그렇게 빨리 버리는 것을 그 사람을

who called you to live in the grace of Christ and are
불렀던 너희가 살도록 은총 안에 그리스도의 그리고

turning to a different gospel.
돌아선 에 다른 복음에.

여기서 that는 because의 의미로 사용되고 있다. NIV에서는 이런 경우가 많으니 꼭 숙지하자.

DAY 14

AS를 해석하고 사용하는 방법

무료강의

독해를 하다 보면 가장 많이 만나는 단어가 하나 있는데 그것은 바로 'as'이다. as는 크게 두 가지로 사용된다. **하나는 부사절을 만드는 접속사이다.** 다른 하나는 부사구를 만드는 전치사이다. as가 접속사로 쓰일 때는 당연히 그다음에 주어+동사 즉 절(Clause) 이 온다. 해석은 여러가지 접속사로 해석이 된다. 하지만 크게 5가지로만 된다. **그 5가지는 다음과 같다. ❶ When ❷ Because ❸ 처럼 ❹ 로서 ❺ Though 이다.** 전치사로 쓰일 때는 그 다음에 명사가 온다. 이경우도 여러 가지로 해석이 될 수 있지만, 딱 2가지로 해석하면 된다. 그것은 **❶ 처럼 ❷ 로서** 이다.

as는 문장 속에서 우리가 상상하는 것 이상으로 많이 등장한다. 하지만 우리는 이렇게 많이 나오는 as를 제대로 해석하거나 회화, 영작에서 마음껏 써본 적이 없다. 그 이유는 as를 확실히 이해하고, 자신의 것으로 만들지 못했기 때문일 것이다. 우리는 많은 단어들을 무작정 암기하기 보다는, as 같이 사용범위가 넓은 단어들 먼저 철저하게 이해하고, 숙지해야 한다. 이제부터라도 as의 사용을 철저히 이해하고 자신의 것으로 만들자. 어떤 문장 속에서 만나더라도 해석할 수 있고, 써먹을 수 있도록 하자!

위의 설명을 정리하면 아래와 같다.

1 As+S+V 구조 (접속사로 사용)

해석은 ❶ When ❷ Because ❸ 처럼 ❹ 로서 ❺ Though

2 As+명사/명사형 구조 (전치사로 사용)

해석은 ❶ 처럼 ❷ 로서

As가 접속사로 사용되면 다섯 가지 정도 **❶ When ❷ Because ❸ 처럼 ❹ 로서 ❺ Though 로 해석이 된다. 하지만 막상 실전독해에서는 'When' 하나로 해석된다.** 달리 말하면 문장 속에서 As가 나오고 주어 + 동사가 나오면 일단 무조건 '~때'라고 해석을 하면 된다. '~때'가 어색하면 '~ 때문에(because)'라고 하고 이것도 아니면 '~처럼' 순으로 해석하면 된다. 하지만 거의 'when'로 해석하면 다 될 것이다.

해석연습 모든 해석을 DR로 하시면 쉽고, 편하게 독해를 할 수 있습니다.

1. As she was praying to the Lord, Eli watched her.

⇨ ________________________________

________________________________.

2. Abraham circumcised him, as God commanded him.

⇨ ________________________________

________________________________.

3. Earnestly as you pray, I will answer your prayers.

⇨ ________________________________

________________________________.

4. As your heart is corrupted, your prayers are waste.

⇨ ________________________________

________________________________.

5. Live in harmony with one another; be sympathetic, love as brothers.

⇨ ________________________________

________________________________.

6. As the Father in heaven, God provides all that we need.

⇨ ____

____.

해석 및 풀이

1. As she was praying to the Lord, Eli watched her.
그 때 그녀가 기도하고 있을 때 여호와께, 엘리는 쳐다보았다 그녀를.

As 다음에 주어+동사가 왔기 때문에 접속사로 사용되었다. 해석은 When으로 하면 된다. 자신 있게 '그때'라고 던지고 해석을 시작하자. 그리고 동사가 끝날 무렵 '때'를 한 번 더 반복해주면 더욱 멋진 해석이 된다.

2. Abraham circumcised him, as God commanded him.
아브라함은 할례했다 그를, 대로(처럼) 하나님께서 명령하신 그에게.

as 다음에 주어+동사구조가 왔기 때문에 접속사로 사용되었다. 해석은 처음에는 'when' 으로 먼저해보고 어색하면 'because', '처럼' 순으로 하면 된다. 여기서는 '처럼'이 제일 잘 어울린다.

3. Earnestly as you pray, I will answer
열정적으로 비록 네가 기도할 지라도, 나는 응답하지 않을 것이다

your prayers.
너의 기도에.

as 다음에 '주어+동사' 구조가 왔기 때문에 접속사로 사용되었다. 해석은 ❶ When ❷ Because ❸ 처럼 ❹ 로서 ❺ Though 순으로 하면 된다. 하지만 위의 문장처럼 as보다 부사나 형용사가 도치되어서 문장 맨 앞에 나오면 거의 'though'로 해석된다. 이것은 문장을 도치함으로서 'though'로 해석하라는 일종의 표시(sign)이다.

4. As your heart is corrupted, your prayers are waste.
때문에 너희 마음이 부패되었기, 너의 기도는 쓸모없다.

As 다음에 주어+동사구조가 왔기 때문에 접속사로 사용되었다. 해석은 'When'으로 먼저 하고 이상하면 'Because'로 하면 된다. 이 문장에서는 Because가 더 잘 어울린다.

5. Live in harmony with one another; be sympathetic, love
살아라 화합하며 서로서로, 공감하라, 사랑하라

as brothers.
형제처럼.

as 다음에 명사가 왔기 때문에 전치사로 사용되었다. 해석은 '처럼'으로 먼저하고 어색하면 '로서'로 하면 된다. 여기서는 '처럼'이 더 잘 어울린다.

6. As the Father in heaven, God provides all that
로서 아버지 하늘의, 하나님은 공급하신다 모든 것을

we need.
우리가 필요로 하는.

As 다음에 명사가 왔기 때문에 전치사로 사용되었다. 해석은 '처럼'으로 먼저하고 어색하면 '로서'로 하면 된다. 여기서는 '로서'가 더 잘 어울린다. all 다음의 that는 관계대명사로서 all을 수식하고 있다. that은 해석하지 않고 동사인 need에 '는, 던'을 붙이면 된다.

Reading Practice With NIV

무료강의

1. For you were once darkness, but now you are light in the Lord. Live as children of light.

⇨ ______________________________

______________________________.

2. Just as no one can set aside or add to a human covenant that has been duly established, so it is in this case.

⇨ ______________________________

______________________________.

3. Therefore, as we have opportunity, let us do good to all people, especially to those who belong to the family of believers.

⇨ ______________________________

______________________________.

4. Walk in the way of love, as Christ loved us and gave himself up for us as a fragrant offering and sacrifice to God.

⇨ ______________________________

______________________________.

5. Brothers, as an example of patience in the face of suffering, take the prophets who spoke in the name of the Lord.

⇨ ______________________________

______________________________.

6. Keep yourselves in God's love as you wait for the mercy of our Lord Jesus Christ to bring you to eternal life.

⇨ ______________________________

______________________________.

7. But the men will consent to live with us as one people only on the condition that our males be circumcised, as they themselves are.

⇨ ______________________________

______________________________.

Reading Practice With NIV

(해설)

1. You were once darkness, but now you are light in
   너희는 이었다 한 때 어둠, 그러나 이제 너희는 빛이다 안에서

   the Lord. Live as children of light.
   주님. 살아라 로서 자녀들 빛의.

2. Just as no one can set aside or add to a human
   마치처럼 누구도 할 수 없는 (것처럼) 제쳐 놓거나 또는 첨가할 수 에 인간

   covenant that has been duly established, so it is
   언약에 되어진 정식으로 설립된, 마찬 가지로 그것도 그렇다.

   in this case.
   이런 경우에.

〈(Just) as+주어+동사, so+주어+동사〉 구조가 나오고 있다. 해석은 '~하는 것처럼, 마찬가지로 ~하다'로 하면 된다.

3. Therefore, as we have opportunity, let us do good to all
그러므로, 그때 우리가 가질 (때) 기회를, 하자 선한 일을 에 모든
people, especially to those who belong to the family of
사람들, 특별히 에게 사람들 속한 그 가족에
believers.
믿는 자들의.

4. Walk in the way of love, as Christ loved us and
걸어라 길로 사랑의, 처럼 그리스가 사랑했던 우리를 그리고
gave himself up for us as a fragrant offering and
포기했던 그 자신을 위해서 우리를 로서 향기로운 제물로 그리고
sacrifice to God.
희생제물로 하나님께.

5. Brothers, as an example of patience in the face of suffering,
형제들아, 처럼 한 예 (처럼) 인내의 에서 직면 고통의,
take the prophets who spoke in the name of the Lord.
택하자 선지자들을 말했던 그 이름으로 주님의.

6. Keep yourselves in God's love as you wait for
지켜라 네 자신을 에서 하나님의 사람 그때 네가 기다릴 (때)

the mercy of our Lord Jesus Christ to bring
그 자비를 우리 주 예수 그리스도의 이끄실

you to eternal life.
너희를 로 영생.

〈접속사+주어+동사〉를 해석할 때는 먼저 접속사 해석을 하고 동사부분에서 한 번 더 해주면 더욱 정확한 해석이 된다.

7. But the men will consent to live with us as one people
그러나 그 사람들은 동의할 것이다 사는 것을 함께 우리와 처럼 한 민족

only on the condition that our males be circumcised, as
오직 그 조건에 우리 남자들 할례 받는 처럼

they themselves are.
그들 자신이 그런 것처럼.

DAY 15

That이 생략된 문장 해석방법

무료강의

독해를 순차적으로 앞에서부터 하다 보면 문장구조를 파악하기 쉽지 않은 경우를 만날 때가 있다. 몇 가지 경우가 있겠지만 대부분의 경우는 그 문장 속에 that이 생략된 경우다. 그래서 생략된 that을 인식하지 못한다면 해석을 제대로 할 수 없다.

문장 속에서 that이 생략된 경우는 두 가지 경우다. 첫째는 **동사** 다음에 아무것도 없는데 갑자기 '주어+동사' 구조가 등장하는 때이다. 이때는 동사 다음에 바로 절이 왔기 때문에 명사절, 즉 목적어가 된다. 그리고 생략된 that이 우리 눈에 보이도록 충분한 연습을 해야 한다. 왜냐하면 영어에서는 목적절을 이끄는 that를 생략하는 경우가 많기 때문이다. 생략된 that을 인식하지 못하면 해석하기가 어려워진다. 두 번째는 **명사** 다음에 갑자기 주어+동사의 구조가 올 때 이다. 명사 다음에 바로 절이 왔기 때문에 이때는 형용사 절이다. 그리고 목적격으로 사용된 that(관계대명사)이 생략되어 있다. 한마디로 요약하면, 목적격으로 사용된 관계대명사[1] that은 생략할 수 있다는 것이다. 이때도 생략된 that이 눈에 보이지 않으면 해석이 어려워진다. 충분한 연습을 통해서 생략된 관계대명사 that이 눈에 뚜렷이 보이도록 하자.

위의 설명을 정리하면 아래와 같다.

1 S+V (동사 다음에) □ S+V(갑자기 절이 올 때)

└→ 목적어(That) 생략됨

* 해석: 동사를 ~을,를

2 S+V+N (명사 다음에) □ S+V(갑자기 절이 올 때)

└→ 관계대명사(That) 생략

* 해석: 동사를 ~는, 던

1번의 경우는 목적어를 만드는 that이 생략된 것이다. 영문법에서는 동사 다음에 와서 목적어로 쓰인 that은 생략할 수 있도록

---

1 목적격으로 쓰이는 관계대명사란? 먼저 예문을 보자. ❶ God will answer the prayer. ❷ You have done it(the prayer). 두 번째 문장에서 it은 have done의 목적어로 사용되고 있다. 이 두 문장을 하나로 만들면 다음과 같다. ⇨ God will answer the prayer that you have done. 이 문장에서 이전의 목적어 it은 관계대명사 that에 포함되었다. 그리고 이런 식으로 목적어를 포함한 즉 목적격 관계대명사는 생략할 수 있다. 이것을 문장으로 보면 ⇨ God will answer the prayer you have done.

하였다. 그 이유는 that을 생략한다고 해도 주어+동사 구조가 오는 것을 통해서 충분히 that이 생략된 것을 알 수 있기 때문이다. 그런데 우리나라 사람들에겐 이것이 해석할 때 오히려 어렵게 느껴진다. **이제부터 주어 + 동사 다음에 아무것도 없는데 갑자기 주어+동사가 오면 이것은 100% 목적어를 만드는 that이 생략된 것으로 간주**하고 해석을 하면 된다. 해석하는 방법은 당연히 (that) 이하 문장에서 나오는 동사를 '~을, ~를'로 하면 된다.

2번의 경우는 목적격 관계대명사 that이 생략된 것이다. 사람이 선행사(관계대명사 앞에 오는 명사)로 올 때 쓰이는 관계대명사 whom이나 선행사가 사물일 때 오는 목적격 관계대명사 which도 마찬가지로 생략할 수 있다. 이것을 한 문장으로 정리하면 다음과 같다. **목적격으로 사용되는 모든 관계대명사는 생략될 수 있다.** 그리고 선행사가 사람, 사물일 때 둘 다 쓰일 수 있는 관계대명사 that이 대표성을 띤다.

해석연습 모든 해석을 DR로 하시면 쉽고, 편하게 독해를 할 수 있습니다.

1. I said I would never break my covenant with you.

⇨ ______________________________

______________________________.

2. What makes you think I want all your sacrifices?

⇨ ____

____.

3. The weight of the gold Solomon received yearly was 666 talents.

⇨ ____

____.

4. God will answer the prayer you have done with all your heart.

⇨ ____

____.

해석 및 풀이

1. I said I would never break my covenant with you.
나는 말했다 나는 결코 깨지 않을 거라고 나의 언약을 맺은 너와.

동사 said 다음에 주어+ 동사구조가 왔는데 그 앞에 아무것도 없다. 이런 경우는 명사절을 만드는 that이 생략된 것이다. 해석은 명사절의 동사가 끝나는 무렵, 즉 would never break 다음에 '을, 를'을 붙이면 된다. 그리고 위의 해석처럼 '~고'는 '을, 를' 대신할 수 있다.

2. What makes you think I want
무엇이 하게 하는가 너희가 생각하도록 내가 원한다고

all your sacrifices?
모든 너희들의 제사들?

위의 문장도 think 다음에 아무것도 없는데 주어+동사(I want…)가 왔다. 이런 경우 명사절, 즉 목적절을 만드는 that이 생략되어 있는 것이다. 해석은 명사절이 끝나는 무렵에 '을, 를'을 붙여 주면 된다.

3. The weight of the gold Solomon received yearly
그 무게는 그 금의 솔로몬이 받았던 해마다

was 666 talents.
그것은 666 달란트였다.

the gold 다음에 아무것도 없는데 주어+동사(Solomon received …)가 왔다. 이런 경우는 목적격 관계대명사 that이 생략된 것이다. 해석은 절의 동사가 끝날 무렵에 '는, 던'을 붙이면 된다. 주어가 끝날 때 주어인식을 꼭 한다. 사물이면 '그것은' 이라고…

4. God 하나님께서는 will answer 응답할 것이다 the prayers 그 기도를 you 너희가 have done 했던 with all your heart. 온 마음으로.

명사 the prayers 다음에 아무것도 없는데 주어+동사(you have done…)가 왔다. 이런 경우는 명사 the prayers를 수식하는 목적격 관계대명사 that이 생략된 것이다. 해석은 절의 동사부분이 끝날 무렵 '는, 던'을 붙이면 된다.

Reading Practice With NIV

무료강의

1. People who say such things show they are looking for a country of their own.

⇨ ______________________________.

2. Above all, you must understand no prophecy of Scripture came about by the prophet's own interpretation.

⇨ ______________________________.

3. Bear in mind that our Lord's patience means salvation, just as our dear brother Paul also wrote you with the wisdom God gave him.

⇨ ______________________________

______________________________.

4. Blessed is the man who perseveres under trial, because when he has stood the test, he will receive the crown of life God has promised to those who love him.

⇨ ______________________________________

______________________________________.

5. This is an illustration for the present time, indicating the gifts and sacrifices being offered were not able to clear the conscience of the worshiper.

⇨ ______________________________________

______________________________________.

6. For you know it was not with perishable things such as silver or gold you were redeemed from the empty way of life handed down to you from your forefathers.

⇨ ______________________________________

______________________________________.

Reading Practice With NIV

(해설)

1. People who say such things show they are
사람들 말하는 이런 일들을 (그들은) 보여준다 그들이

looking for a country of their own.
고대하고 있다고 한 나라를 그들 자신의.

주어가 2단어 이상이면 주어인식을 해준다. 동사 다음에 바로 주어+동사가 나오면 목적어를 만드는 that이 생략되어 있는 것이다. 생략된 that이 눈에 꼭 보여야 한다.

2. Above all, you must understand no prophecy of Scripture
무엇보다도, 너희는 반드시 이해해야한다 어떤 예언도 성경의

came about by the prophet's own interpretation.
나오지 않았다고 의해서 선지자 자신의 해석으로.

동사 다음에 바로 주어+동사가 나오면 목적어를 만드는 that이 생략되어 있는 것이다. 부정어가 있는 문장을 해석할 때는 무조건 동사를 부정한다. 우리 국어는 동사만 부정하지만 영어는 명사, 형용사, 부사 등 다양한 방법으로 부정을 한다.

3. Bear in mind that our Lord's patience means salvation,
명심해라 우리 주님의 인내는 의미하는 것을 구원을,

just as our dear brother Paul also wrote you with
마치처럼 우리 친애하는 형제 바울이 또한 썼던 것처럼 너에게 으로

the wisdom God gave him.
지혜로 하나님께서 주셨던 그에게.

명사 다음에 아무것도 없는데 주어+동사 구조가 나오면 관계대명사 that이 생략된 것이다. 해석은 동사부분을 '는, 던'으로 하면 된다.

4. Blessed is the man who perseveres under trial, because
은혜로다 그 사람은 견디는 아래서 고난, 왜냐하면

when he has stood the test, he will receive the crown
그 때 그가 이길 (때) 시험을, 그는 받기 (때문이다) 면류관을

of life God has promised to those who love him.
생명의 하나님께서 약속하셨던 에게 사람들 사랑하는 그를.

Blessed가 주어보다 앞에 나온 것은 도치된 것이다. 주어는 the man이다. 〈접속사+주어+동사〉를 해석할 때는 먼저 접속사 해석을 하고 동사부분에서 한 번 더 해주면 더욱 정확한 해석이 된다. 명사 다음에 아무것도 없는데 〈주어+동사〉 구조가 나오면 관계대명사 that이 생략된 것이다. 해석은 동사부분을 '는, 던'으로 하면 된다.

5. This is an illustration for the present time, indicating
이것은 이다 하나의 실예 위한 현 시대를, 그리고 가리킨다

the gifts and sacrifices being offered were not able
그 예물과 제물을 드려지는 (그것들이) 할 수 없다고

to clear the conscience of the worshiper.
깨끗케 그 양심을 예배자의.

indicating은 후속분사면서 목적어로 that+주어+동사를 목적어로 취하고 있다. that이 생략되었다. 주어가 2단어 이상이면 주어인식을 해준다.

6. You know it was not with perishable things such as
너희는 알고 있다 이것이 같이 할 수 없다고 썩을 것들과 마치처럼

silver or gold you were redeemed from the empty way
은 또는 금 너희가 보상되어졌던 부터 그 공허한 방법

of life handed down to you from your forefathers.
삶의 유전되어진 너희에게 부터 너희의 조상들.

know 다음에 목적어를 만드는 that이 생략되어있다. gold 다음에는 관계대명사 that이 생략되어 있다.

DAY 16

표현영어

표현영어는 영어에만 사용되어 우리나라 사람들은 이해하기 힘들어 하는 표현을 말한다. 그래서 우리들은 이것을 숙어라고 정의하고 무조건 암기만 했다. 하지만 표현영어적 표현들이 너무 많기 때문에 숙어로 다 암기하기엔 무리다. 차라리 이것을 제대로 이해하고 원칙에 맞게 우리도 마음껏 사용하는 나을 것이다.

1. 국어와 영어 표현의 차이

표현영어를 이해하기 위해서 국어와 영어의 표현의 차이를 알아야 한다. 우리 국어는 물리적 표현과 추상적 표현을 철저히 분리해서 사용한다. 하지만 영어는 이런 분리가 전혀 없다. 아래 예문을 통해서 이것을 느껴보기 바란다.

EX

1) 나는 가지고 있다 차를(물리적 표현: 국어 OK)

⇨ I have a car(물리적 표현: 영어도 OK)

2) 나는 가지고 있다 추위를(추상적 표현: 국어 NO)

⇨ I have a cold.(추상적 표현: 영어 OK)

3) 나는 있다 방안에. (물리적 표현: 국어 OK)

⇨ I am in the room. (물리적 표현: 영어 OK)

4) 나는 있다 서두름. (추상적 표현: 국어 NO)

⇨ I am in a hurry. (추상적 표현: 영어 OK)

2. 〈Put A 전치사 B〉의 이해

국어와 영어의 표현의 차이를 이해했다면 이제 두 번째 단계이다. 〈Put A 전치사 B〉만 제대로 이해하고 사용한다면 여러분이 하고 싶은 모든 표현을 이것 하나로 할 수 있다. 이 책에서 설명하는 예문으로만 만족하지 말고 자신의 상황에 맞게 직접 만들어 사용하길 바란다.

Step 1: 〈Put A 전치사 B〉

1) 가방에 책들을 넣어라.

⇨ Put the books into a bag.

2) 이 가방을 선반에 올려놓아라.

⇨ Put the bag on the shelf.

3) 이 시계를 벽에 걸어라.

⇨ Put this clock on the wall.

4) 종이를 책 사이에 끼어 놓아라.

⇨ Put a sheet between the book

5) 텐트를 쳐라

⇨ Put the tent up

* 이런 식으로 하면 100만개의 표현도 만들 수 있다. 암기하지 말고 문장을 직접 만들라! 이 표현은 외국 나가서 정말 긴요하고 유익하게 써 먹을 수 있다.

Step 2: 〈Put A 전치사 B〉

위의 구조에서 put 동사 대신 동사만 바꿔주면 더욱 세밀하고 정밀한 표현을 만들 수 있다.

1) 책들을 가방에 넣어라.

⇨ Put the books into a bag.

2) 밀어서 책들을 가방에 넣어라.

⇨ Push the books into a bag.

3) 던져서 책들을 가방에 넣어라.

⇨ Throw the books into a bag.

4) 쳐서 책들을 가방에 넣어라.

⇨ Hit the books into a bag.

5) 설득을 해서 애들을 방에 넣어라.

⇨ Persuade children into the room.

Step 3: 〈Put A 전치사 B〉

이번에는 A와 B에 추상명사를 넣어서 표현을 만든다. 이 표현은 우리나라 사람들이 그동안 이해하기 가장 어려워했던 표현 중에 하나이다. 하지만 막상 쿡샘의 설명을 들으면 아무도 것도 아니다. 이젠 우리도 영, 미인들이 놀랄 정도의 표현을 만들어서 마음껏 써먹자. 언제 까지 영어를 수동적으로만 배울 것인가?

1) I put all my efforts into the problem.

⇨ 나는 모든 노력을 다하였다 그 문제를 해결하기 위해서.

2) They put others's convenience before theirs.

⇨ 그들은 다른 사람들의 편리함을 자신의 것보다 우선하였다.

3) The teacher schools them into the habit.

⇨ 그 선생님은 그들을 가르쳐서 그 습관을 가지게 하였다.

3. 〈make one's way〉의 이해

앞에서 배운 개념을 가지고 이 표현을 이해하고 사용한다면 영어에서 가장 어려운 표현들을 극복할 수 있다.

〈make one's way〉의 해석은 '누가 ~의 길을 가다'이다.

EX

I made my way to the city last month.

⇨ 나는 길을 갔다 그 도시로 지난달에.

make대신에 다른 동사를 집어넣어서 다양한 표현들을 만들 수 있다.

EX

1) She felt her way through the dark room.

⇨ 그녀는 더듬어서 지나갔다 그 어두운 방을.

2) The deceivers wormed their way into the church.

⇨ 그 사기꾼들이 벌레같이 들어왔다 교회로.

Reading Practice With NIV

무료강의

1. Therefore God exalted him to the highest place and gave him the name that is above every name.

➪ ____

____.

2. Evidently some people are throwing you into confusion and are trying to pervert the gospel of Christ.

➪ ____

____.

3. And God placed all things under his feet and appointed him to be head over everything for the church.

➪ ____

____.

4. So we, too, have put our faith in Christ Jesus that we may be justified by faith ind Christ and not by the works of the law.

⇨ ____

____.

5. Obey them not only to win their favor when their eye is on you, but as slaves of Christ, doing the will of God from your heart.

⇨ ____

____.

6. I am confident in the Lord that you will take no other view. The one who is throwing you into confusion, whoever that may be, will have to pay the penalty.

⇨ ____

____.

7. I went in response to a revelation and, meeting privately with those esteemed as leaders, I presented to them the gospel that I preach among the Gentiles.

⇨ ______________________________

______________________________.

8. In his great mercy he has given us new birth into a living hope through the resurrection of Jesus Christ from the dead, and into an inheritance that can never perish, spoil or fade.

⇨ ______________________________

______________________________.

9. The LORD replied, 'Go down and bring Aaron up with you. But the priests and the people must not force their way through to come up to the LORD, or he will break out against them.

⇨ ______________________________

______________________________.

10. They are the kind who worm their way into homes and gain control over weak-willed women, who are loaded down with sins and are swayed by all kinds of evil desires.

⇨ ______________________________

____

______________________________.

11. The Law and the Prophets were proclaimed until John. Since that time, the good news of the kingdom of God is being preached, and everyone is forcing his way into it.

⇨ ______________________________

____

______________________________.

13. Then the servant took ten of his master's camels and left, taking with him all kinds of good things from his master. He set out for Aram Naharaim and made his way to the town of Nahor.

⇨ ______________________________

____

______________________________.

14. In all my prayers for all of you, I always pray with joy because of your partnership in the gospel from the first day until now, being confident of this, that he who began a good work in you will carry it on to completion until the day of Christ Jesus.

⇨ ______________________________

____

______________________________.

Reading Practice With NIV

(해설)

1. Therefore God exalted him to the highest place and
그러므로 하나님께서는 높이셨다 그를 가장 높은 자리까지 그리고
gave him the name that is above every name.
주셨다 그에게 그 이름을 높은 모든 이름.

2. Evidently some people are throwing you into confusion
분명하게 몇 사람들은 던져 넣고 있다 너희를 으로 혼돈
and are trying to pervert the gospel of Christ.
그리고 시도하고 있다 왜곡하는 것은 복음을 그리스도의.

〈put A 전치사 B〉 구조를 이해하기 시작하면 영어표현의 많은 부분이 보이기 시작할 것이다. 그 적용과 응용이 무궁하다.

3. And God placed all things under his feet and appointed
그리고 하나님은 두셨다 모든 것들을 아래 그의 발 그리고 임명하였다
him to be head over everything for the church.
그를 되도록 머리가 위에 모든 것 위해 교회를.

〈put A 전치사 B〉 구조를 이해하자. 영어실력이 폭발하리라.

4. So we, too, have put our faith in Christ Jesus that we
그래서 우리는, 역시, 두었다 우리의 믿음을 안에 그리스도 예수 우리가

may be justified by faith in Christ and not by
의롭게 될 수 있는 의해서 믿음으로 그리스도 안에서 그리고 아니라 의해서

the works of the law.
그 일로 율법의.

5. Obey them not only to win their favor when their eye
순종해라 그들에게 얻으려면 그들의 호의를 그때 그들의 눈이

is on you, but as slaves of Christ, doing the will of God
있을 때 너희에게 뿐만 아니라 로서 종 그리스도의, 행해라 그 뜻을 하나님의

from your heart.
부터 너희의 마음.

영어가 국어와는 다르게 물리적인 표현, 추상적인 표현 구별 없이 사용되는 것을 실제 문장에서 이해하기 바란다. 〈Not only A but (also) B〉구조를 이해하자. 해석은 'A 뿐만 아니라 B도'이다. A, B에는 어떤 형태의 문장구조도 올수 있다.

6. I am confident in the Lord that you will take no other view.
나는 확신한다 안에서 주님 너희가 취하지 않은 것을 다른 어떤 시각도

The one who is throwing you into confusion, whoever that
그 사람은 던져 넣은 너희를 혼돈으로, 누가

may be, will have to pay the penalty.
될지라도, (그는) 반드시 대가를 치를 것이다.

〈put A 전치사 B〉의 변형구조이다. 영어가 국어와는 다르게 물리적인 표현, 추상적인 표현 구별 없이 사용되는 것을 실제 문장에서 이해하기 바란다.

7. I went in response to a revelation and, meeting privately
나는 반응할 것이다 계시에 그리고, 만날 것이다 사적으로
with those esteemed as leaders, I presented to them
함께 그 사람들을 존경받은 로서 지도자들, 나는 전했다 그들에게
the gospel that I preach among the Gentiles.
복음을 내가 전한 사이에서 이방인들.

go in the room과 go in response를 비교해 보면 영어가 국어와 다른 방법으로 표현을 다양하게 하고 있음을 알 수 있을 것이다. 이것이 보기 시작하면 그동안 숙어로 암기했던 표현들을 암기하지 않아도 된다.

8. In his great mercy he has given us new birth into a living
에서 그의 큰 자비 그는 주었다 우리게 새로운 탄생을 되도록 산
hope through the resurrection of Jesus Christ from the dead,
소망이 통해서 부활을 예수그리스의 부터 죽은 자들,
and into an inheritance that can never perish, spoil or
그리고 되도록 상속이 결코 썩지 않는 못쓰게 되거나
fade.
사라지지 않는.

미국인들이 얼마나 〈put A 전치사 B〉 구조를 자유자재로 사

용하고 있는지 느껴 보시라. and를 통해서 into가 두 번 나오고 있다.

9. The LORD replied, 'Go down and bring Aaron up with you.
' 주님은 대답하셨다, '내려가라 그리고 데리고 와라 아론을 함께 너와.

But the priests and the people must not force their way
그러나 그 제사장들과 그 사람들은 반드시 억지로 그들의 길을 가면 안된다.

through to come up to the LORD, or he will break out
이르기 위해서 주님에게 그렇지 않으면 그가 부술 것이다

against them.
그들을.

〈make one's way〉의 응용표현이다. 이것을 모르면 해석이 안 되는 문장들이 많을 것이다.

10. They are the kind who worm their way into homes and
그들은 이다 그런 종류의 사람 벌레같이 들어가는 집으로 그리고

gain control over weak-willed women,
얻는 통제를 의지가 약한 여자들의,

who are loaded down with
짓눌린 으로

sins and are swayed by all kinds of evil desires.
죄로 그리고 흔들리는 의해서 모든 종류의 악한 욕망으로.

〈make one's way〉의 응용표현이다. 정말 도움이 많이 되는 표현이다.

11. The Law and the Prophets were proclaimed until John.

율법과 선지자들은 선포되었다 까지 요한.

Since that time, the good news of the kingdom of God is being

이후로 그 시대, 복음 왕국의 하나님의 (이것이)

preached, and everyone is forcing his way into it.

전파되었다, 그리고 모든 사람은 억지로 그의 길로 가야 했다.

이것은 〈make one's way〉의 응용표현이 아니라 〈put A 전치사 B〉의 변형구조이다. 주어가 2단어 이상이면 주어인식을 해준다. 주어가 사람이면 '이 사람은' 사물이면 '이것은'이라고 하면 된다. 문장이 복잡해질수록 주어를 인식을 해주는 것이 매우 중요하다.

12. Therefore, with minds that are alert and fully sober, set

그러므로, 으로 마음 깨어있고 완전히 냉정한, 두어라

your hope on the grace to be brought to you when

너희의 마음을 은총으로 오는 너희에게 그때

Jesus Christ is revealed at his coming.

예수 그리스도가 드러날 (때) 그의 오심으로.

〈put A 전치사 B〉의 변형구조이다. 〈접속사+주어+동사〉를 해석할 때는 먼저 접속사 해석을 하고 동사부분에서 한 번 더 해주면 더욱 정확한 해석이 된다.

13. Then the servant took ten of his master's camels and
그러고 나서 그 종은 취했다 열 마리의 그의 주인의 낙타들을, 그리고

left, taking with him all kinds of good things from his
떠났다, 가지고 모든 종류의 좋은 것들을 부터 그의

master. He set out for Aram Naharaim and
주인의. 그는 출발했다 향해서 아람 나하라임으로 그리고

made his way to the town of Nahor.
그의 길을 갔다 로 그 도시 나홀.

14. In all my prayers for all of you, I always pray with joy
에서 모든 나의 기도들 위한 모든 너희를, 나는 항상 기도했다 기쁨으로

because of your partnership in the gospel from the first day
때문에 너희의 협력 복음에서 부터 그 첫 날

until now, being confident of this, that he who began
지금까지, 그리고 확신한다 이것을, 그가 시작했던

a good work in you will carry it on to completion until
선한 일을 안에서 너희들 (그가) 실행할 것을 그것을 온전하게

the day of Christ Jesus.
그날까지 그리스도 예수의.

주어가 2단어 이상이면 주어인식을 해준다. 〈put A 전치사 B〉의 변형구조이다. 영어문장이 얼마나 다양하게 표현을 응용하는지를 보기 바란다. 이 원칙만 알면 우리도 이런 문장을 얼마든지 만들 수 있다. 언어는 살아 있다. 이미 만들어진 표현만을 공부하는 것은 너무 심심하고 답답한 일이다. 이 책으

로 공부하는 우리의 어린 친구들이 이보다 더욱 멋진 문장을 만들어 사용하는 날을 기대해 본다.

DAY 17

특수구문

영어문장의 대부분은 주어+동사+(목적어) 순이다. 그런데 이런 일반적인 구조를 따르지 않는 문장들이 있다. 이런 걸 특수구문이라고 부른다. 누가 처음에 이렇게 불렀는지 모르지만 상당부분 맞는 것 같다.

NIV같이 좀 어렵게 보이는 영어문장은 특수구문을 많이 사용한다. 그래서 이것을 제대로 공부하지 않으면 의미파악 마저도 쉽지 않게 된다.

그럼 특수구문에는 어떤 것들이 있을까? 다양한 구문들이 있지만 우리는 겹치는 것과 중요하지 않은 것들은 배제하고 꼭 필요한 몇 개에 집중한다.

1. 도치

우리가 말로 중요한 것을 설명할 때 소리와 톤으로 그것을 표현하면 되지만 문장으로 이것을 표현할 때는 그렇게 할 수 없다. 그래서 사용하는 것이 도치다. 도치란 순서를 바꾼다는 것이다. 보통 문장은 주어가 문장 맨 앞에 나오고 동사가 바로 나온다. 하지만 강조하고 쉽거나 상대적으로 중요한 것들은 주어보다 앞에 둔다. 즉, 도치를 한다. 이것이 곧 도치라는 특수구문이다.

EX

Blessed(도치) is the man who is honest.

원래 문장은 ⇨ The man who is honest is blessed.

2. 생략

우리가 문장을 쓰다보면 똑같은 구문들이 반복되는 경우가 있다. 이 똑같은 구문들을 생략하지 않으면 문장이 지저분해 질 수 있다. 하지만 우리나라 사람들은 생략된 문장을 어려워한다. 우리가 영어실력이 좀 향상되면 생략이 왜 필요한지 실제적으로 알 수 있을 것이다.

EX

They seem holy and godly in the church but (they seem: 생략) unholy and ungodly out of church.

⇨ 그들은 보인다 거룩하고 신령하게 교회에서 하지만 (그들은

보인다) 부정하고 그리고 사악하게 밖에서는 교회.

3. 강조

강조는 도치와 비슷한 점이 많다. 하지만 문장을 도치하지 않더라도 강조할 수 있는 방법이 있기 때문에 필히 이해하고 연습을 해야 한다. 강조할 때 쓰는 구조는 〈It is ~ that~〉 이다. 그리고 〈It is ~ that〉는 생략도 된다. 생략된 구조에 우리는 집중해야 한다.

EX

(It is) The Lord's day (that) we have to go to church.

⇨ 바로 주일에 우리는 가야한다 교회에.

4. 삽입

삽입은 원래 양쪽에 콤마(, ,)를 찍고 문구를 삽입한다. 하지만 콤마 없이도 되는 경우도 많다. 이런 경우를 조심해야 한다. 삽입을 이해하고 훈련하지 않으면 해석이 안 되는 문장들이 많다는 것을 알게 될 것이다.

EX

* I can understand, in your position, that you are right.

⇨ 나는 이해할 수 있다, 너의 입장에서, 네가 옳다는 것을.

* It proves to the young that the old deserve to be respected.

⇨ 그것은 증명한다 젊은이들에게 노인들은 마땅하다고 존경받아.

Reading Practice With NIV

무료강의

1. "Just what I have been telling you from the beginning," Jesus replied.

⇨ ______________________________

______________________________.

2. Blessed is the one whose transgressions are forgiven, whose sins are covered.

⇨ ______________________________

______________________________.

3. Since we live by the Spirit, let us keep in step with the Spirit. Let us not become conceited, provoking and envying each other.

⇨ ______________________________

____

______________________________.

4. Christ redeemed us from the curse of the law by becoming a curse for us, for it is written: "Cursed is everyone who is hung on a pole."

⇨ ______________________________

____

______________________________.

5. Whoever sows to please their flesh, from the flesh will reap destruction; whoever sows to please the Spirit, from the Spirit will reap eternal life.

⇨ ______________________________

____

______________________________.

6. Anyone who has been stealing must steal no longer, but must work, doing something useful with their own hands, that they may have something to share with those in need.

⇨ ______________________________________

____

______________________________________.

7. For the flesh desires what is contrary to the Spirit, and the Spirit what is contrary to the flesh. They are in conflict with each other, so that you are not to do whatever you want.

⇨ ______________________________________

____

______________________________________.

8. Whatever you have learned or received or heard from me, or seen in me —put it into practice. And the God of peace will be with you.

⇨ ____

____

____.

9. Do not let any unwholesome talk come out of your mouths, but only what is helpful for building others up according to their needs, that it may benefit those who listen.

⇨ ____

____

____.

10. Now I rejoice in what I am suffering for you, and I fill up in my flesh what is still lacking in regard to Christ's afflictions, for the sake of his body, which is the church.

⇨ ____

____

____.

11. We remember before our God and Father your work produced by faith, your labor prompted by love, and your endurance inspired by hope in our Lord Jesus Christ.

⇨ ____

____

____.

12. Therefore, my dear friends, as you have always obeyed—not only in my presence, but now much more in my absence—continue to work out your salvation with fear and trembling, for it is God who works in you to will and to act in order to fulfill his good purpose.

⇨ ______________________________

____

______________________________.

Reading Practice With NIV

(해설)

1. "Just what I have been telling you from the beginning,"
"단지 그것이다 내가 말하고 있는 너희에게 부터 처음부터"
Jesus replied.
예수님이 대답하셨다.

〈Just what … beginning〉은 동사 replied의 목적어인데 도치된 것이다.

2. Blessed is the one whose transgressions are forgiven,
은혜다 그 사람은 그의 허물들이 잊혀지는,
whose sins are covered.
그의 죄들이 가려지는.

형용사 Blessed가 도치되었다. 도치된 것은 강조하기 위함이다.

3. Since we live by the Spirit, let us keep in step
왜냐하면 우리가 살기 때문에 의해서 성령, 하자 유지하도록 걸음을
with the Spirit. Let us not become conceited, provoking
함께 성령과. 하자 되지 않도록 자만하지, 성나게 하지 않도록

and envying each other.
그리고 시기하지 않도록 서로 서로.

provoking과 envying 앞에 not become 이 생략되어있다. 생략된 것이 보이지 않으면 정확한 해석을 할 수 없다.

4. Christ redeemed us from the curse of the law
그리스도는 구속하셨다 우리를 부터 그 저주 율법의

by becoming a curse for us, for it is written:
됨으로서 저주가 위해서 우리를, 이것이 쓰인 대로:

"Cursed is everyone who is hung on a pole."
"저주다 모든 사람이 달린 십자가에."

Cursed가 도치되어서 문장 맨 앞에 나왔다. 주어는 everyone이다.

5. Whoever sows to please their flesh, from the flesh will
누구든지 심는 기쁘게 하려고 그들의 육신을, 부터 육신으로

reap destruction; whoever sows to please the Spirit,
수확할 것이다 멸망을; 누구든지 심는 기쁘게 하려고 성령을,

from the Spirit will reap eternal life.
부터 성령으로 거둘 것이다 영원한 생명을.

from the flesh와 from the Spirit가 삽입되었다. 원래 문장에 삽입구가 들어오면 문장구조가 복잡해서 눈에 쉽게 들어오지 않을 수 있다.

6. Anyone who has been stealing must steal no longer,
누구든지 도적질하는 (사람은) 반드시 훔치지 마라 더 이상,

but must work, doing something useful with
그러나 반드시 일하라, 그리고 해라 뭔가를 유용한 으로

their own hands, that they may have something
그들 자신의 손으로, 그러면 그들은 가질 것이다 뭔가를

to share with those in need.
나눌 함께 사람들 궁핍한.

that 앞에는 so가 생략된 것으로 봐야한다. NIV에서는 이런 사용이 많이 나온다.

7. For the flesh desires what is contrary to the Spirit, and
왜냐하면 육체는 갈망하기 때문에 그것을 반대되는 성령에, 그리고

the Spirit what is contrary to the flesh. They are in conflict
성령은 그것을 반대되는 육체에. 그들은 갈등한다

with each other, so that you are not to do whatever
서로서로, 그래서 너희는 할 수 없다 어떤 것도

you want.
너희가 원하는.

the Spirit 다음에는 동사 desires가 생략되었다. 이것이 보이지 않으면 해석이 어려워진다. They are in the room과 They are in conflict를 비교해보면서 영어와 국어의 표현의 차이점을 확실하게 이해하기 바란다.

8. Whatever you have learned or received or heard from me,
무엇이든 너희가 배운 또는 받은 또는 들은 나로부터,

or seen in me—put it into practice. And the God
또는 보았던 내게 – 실행하라 그것을. 그러면 하나님의

of peace will be with you.
평안이 함께 할 것이다 너희와.

〈Whatever you … in me〉는 원래 put it into practice에서 it의 자리에 있어야 하는데 도치되어서 문장 맨 앞에 나왔다. 이것이 눈에 보이도록 열심히 훈련하자.

9. Do not let any unwholesome talk come out of your mouths,
하게 말라 어떤 불건전한 말이 나오도록 에서 너희의 입,

but only what is helpful for building others up according
그러나 오직 그것만 도움이 되는 위해서 세우는 다른 사람들 따라서

to their needs, that it may benefit those who listen.
그들의 필요, 그러면 이것이 유익이 될 것이다 사람들에게 듣는.

먼저 〈not A but B구조〉를 이해야 한다. 그렇지 않으면 의미조차 잡아내기 힘들다. what is helpful는 원래 이런 문장이다. let what is helpful come out of your mouth이다. that 앞에도 so가 생략되었다.

10. Now I rejoice in what I am suffering for you, and
지금 나는 기쁘다 에서 그것 내가 고통당하는 위해서 너희를, 그리고

I fill up in my flesh what is still lacking in regard to
나는 채운다 에서 나의 육체 그것을 여전히 부족한 관련해서

Christ's afflictions, for the sake of his body, which is
그리스도의 고난과, 위해서 그의 몸, 되는

the church.
교회가.

먼저 I rejoice in the room과 I rejoice in what I am suffering를 비교해 보기 바란다. 국어와 영어의 표현의 차이를 확연히 알 수 있을 것이다. 필자가 앞에서 설명한 것을 이해한다면 독자들도 이런 문장을 영작하고 말할 수 있다. 절대로 어려운 것이 아니다. in my flesh가 삽입된 문장이다.

11. We remember before our God and Father your work
우리는 기억한다 앞에서 우리 하나님과 아버지 너희의 사역을

produced by faith, your labor prompted by love, and
만들어진 의해서 믿음, 너희의 수고를 유발된 사랑으로, 그리고

your endurance inspired by hope in our Lord Jesus Christ.
너희의 인내를 영감 받은 소망으로 안에서 우리 주 예수 그리스도.

before our God and Father이 콤마 없이 삽입되었다. 삽입을 이해하지 못하면 아주 어려운 문장이 된다. remember의 목적어는 총 3개다. ① your work ② your labor ③ your endurance다. 각 각의 목적어에 과거분사가 하나씩 달라붙어 있다.

12. Therefore, my dear friends, as you have always obeyed
그러므로, 나의 친애하는 친구들아, 처럼 너희가 항상 순종했던,

— not only in my presence, but now much more in my absence
뿐만 아니라 나의 면전, 또한 지금 훨씬 더 나의 부재중에

— continue to work out your salvation with fear and trembling,
계속해서 실행하라 너희의 구원을 으로 두려움 그리고 떨림,

for it is God who works in you to will and
왜냐하면 바로 하나님께서 일하기 때문에 안에서 너희 하도록 그리고

to act in order to fulfill his good purpose.
행동하도록 위해서 완성하도록 그의 선한 목적을.

〈not only A but B구조〉를 이해해야 한다. It is ~ that 강조구문에서 강조어구가 사람이면 who가 올 수 있다.

DAY 18

중요구문

NIV에서 자주 등장하는 중요 구문들을 정리하였다. 꼭 필요한 것들만 담았다. 이것을 이해하고 철저히 연습해야 NIV를 독해할 수 있다. 모든 문법과 구조는 문장 안에서 인식하고 이해하는 것이 중요하다. 시간을 내서 중요구문의 개념을 숙지하고 문장에서 실제로 사용되는 경우를 반복적으로 보고 익히는 것이 필요하다.

1. 〈so ~ that〉의 사용

1) **so ~ that+주어+동사**: = 대단히 ~ 해서 그래서(that) ~ 하다

EX He is so tall that he can touch it.

⇨ 그는 대단히 키가 커서 그래서 그는 닿을 수 있다 그것에.

2) **so that+주어+동사**: = 그래서 ~ 하다

EX The man laid up much money so that he became rich.

⇨ 그 남자는 저축했다 많은 돈을 그래서 그는 되었다 부자가.

3) **so that+주어+may(can)+동사원형**: = 하기 위해서

EX She studied hard so that she might pass the test.

⇨ 그녀는 열심히 공부했다 하기 위해서 통과하기 그 시험을.

2. 명령문, and/or S + V:

(~해라 그려면(and)/그렇지 않으면(or) ~할 것이다)

EX Read the Bible, and you can hear his voice.

⇨ 읽어라 성경을, 그러면 너희는 들을 수 있다 그의 음성을.

EX Read the Bible, or you can't hear his voice.

⇨ 읽어라 성경을, 그렇지 않으면 너희는 들을 수 없다 그의 음성을.

3. Now that + S + V: 하기 때문에

EX Now that you are kind, everyone will like you.

⇨ 때문에 너는 친절하기, 모든 사람이 좋아할 것이다 너를.

4. Not A but B: A가 아니라 바로 B다.

① Not A but B는 문장 어디에나 올 수 있다.

② A와 B에는 어떤 문장 형태도 올 수 있다.

EX Not I but you must go there.

These Children need not material but love.

We want not to live in the country but to live in the city.

5. Not only A but (also) B: A뿐만 아니라 B도.

① Not only A but (also) B는 문장 어디에나 올 수 있다.

② A와 B에는 어떤 문장 형태도 올 수 있다.

EX Not only I but you must go there.

These Children need not only material but love.

We want not only to live in the country but to live in the city.

Reading Practice With NIV

1. Now that this faith has come, we are no longer under a guardian.

2. So I say, walk by the Spirit, and you will not gratify the desires of the flesh.

3. For I do not do the good I want to do, but the evil I do not want to do — this I keep on doing.

4. The outcry to the LORD against its people is so great that he has sent us to destroy it.

⇨ ______________________________________

______________________________________.

5. You not only walked in their ways and copied their detestable practices, but in all your ways you soon became more depraved than they.

⇨ ______________________________________

______________________________________.

6. God did this so that, by two unchangeable things in which it is impossible for God to lie, we who have fled to take hold of the hope offered to us may be greatly encouraged.

⇨ ______________________________________

______________________________________.

7. Brothers and sisters, if someone is caught in a sin, you who live by the Spirit should restore that person gently. But watch yourselves, or you also may be tempted.

⇨ ______________________________

____

______________________________.

8. For everything in the world-the cravings of sinful man, the lust of his eyes and the boasting of what he has and does-comes not from the Father but from the world.

⇨ ______________________________

____

______________________________.

9. Therefore put on the full armor of God, so that when the day of evil comes, you may be able to stand your ground, and after you have done everything, to stand.

⇨ ______________________________

____

______________________________.

10. Indeed he was ill, and almost died. But God had mercy on him, and not on him only but also on me, to spare me sorrow upon sorrow.

⇨ ______________________________

____

______________________________.

11. Through these he has given us his very great and precious promises, so that through them you may participate in the divine nature and escape the corruption in the world caused by evil desires.

⇨ ______________________________

____

______________________________.

12. We continually ask God to fill you with the knowledge of his will through all the wisdom and understanding that the Spirit gives so that you may live a life worthy of the Lord and please him in every way:

⇨ ______________________________

____

______________________________.

Reading Practice With NIV

(해설)

1. Now that this faith has come, we are no longer under
때문에 이 믿음이 왔기, 우리는 더 이상 있지 않는다 아래

a guardian.
후견인.

Now that+S+V가 나왔다. 해석은 '~하기 때문에'이다.

2. So I say, walk by the Spirit, and you will not gratify
그래서 나는 말한다, 걸어라 의해서 성령으로, 그러면 너는 않을 것이다 만족시키는

the desires of the flesh.
그 욕망을 육체의.

〈명령문, and/or S + V〉가 나왔다. 해석은 '~해라 그러면(and)/그렇지 않으면(or) ~할 것이다'로 하면 된다.

3. For I do not do the good I want to do, but
왜냐하면 나는 하지 않기 (때문에) 선한한 일을 내가 원하는 하길, 그러나 (한다)

the evil I do not want to do — this I keep on doing.
그 악한 일은 내가 원하지 않는 하길 — 이것을 나는 계속한다.

〈접속사+주어+동사〉를 해석할 때는 먼저 접속사 해석을 하고 동사부분에서 한 번 더 해주면 더욱 정확한 해석이 된다.

〈not A but B〉의 구조가 나왔다. 해석은 'A가 아니라 바로 B다'로 한다.

4. The outcry to the LORD against its people is so great
그 부르짖음 에게 하나님 향하여 그 사람들 (이것이) 너무나 크기

that he has sent us to destroy it.
때문에 그는 보냈다 우리를 멸망시키러 그것을.

주어가 긴 경우에는 반드시 주어인식을 해준다. 해석은 주어가 사람 이면 '이 사람은' 사물이면 '이것은'이라고 하면 된다. 문장이 복잡해질수록 주어를 인식을 해주는 것이 매우 중요하다. 〈so ~ that+주어+동사〉가 나왔다. 해석은 '대단히 ~해서 그래서(that) ~ 하다'로 하면 된다.

5. You not only walked in their ways and copied their
너희는 걸었다 그들의 길로 그리고 따랐다 그들의

detestable practices, but in all your ways you soon
혐오스러운 습관들을, 뿐만 아니라 에서 모든 너희의 길 너희는 곧

became more depraved than they.
되었다 더 타락하게 보다 그들이(타락한).

〈Not only A but (also) B〉구조가 나왔다. 해석은 'A뿐만 아니라 B도'로 한다. 마지막 단어 they 다음에 became depraved가 생략되어 있다. 이것이 눈에 보여야 한다.

6. God did this so that, by two unchangeable things
하나님은 하셨다 이것을 그래서, 의해서 두 개의 변하지 않는 것으로

in which it is impossible for God to lie, we who have fled
그것은 불가능한 하나님이 거짓말하는, 우리는 피한

to take hold of the hope offered to us may be
잡으려고 그 소망을 제공된 우리에게 (우리는) 될 수 있다

greatly encouraged.
대단히 용기를 얻게.

위 구절은 NIV에서 가장 어려운 문장 중에 하나이다. 하지만 우리가 벌써 다 배운 내용이다. 몇 번 읽어 보면 결코 어렵지 않다. 먼저 〈so that+주어+may(can)+동사원형〉가 나왔는데 해석은 '그래서 ~하다'가 된다. may의 역할이 없다. NIV에서는 이런 사용이 일반적이다. 일반적인 해석과 다르니 주의해야 한다. 먼저 by two … to lie가 삽입되었다. 그리고 주어 we에 관계대명사 who가 붙어서 주어가 상당히 길어진 상태다. 이런 문장도 이 책을 보고 공부하면 우리도 충분히 영작하고 말할 수 있다. 마지막으로 주어가 긴 경우에는 반드시 주어 인식을 해준다.

7. Brothers and sisters, if someone is caught in a sin, you
형제들과 자매들이여, 만약에 누군가가 잡혔다면 죄에, 너희는

who live by the Spirit should restore that person gently.
사는 성령으로 (너희는)반드시 되찾아야 한다 그 사람을 상냥하게.

But watch yourselves, or you also may be tempted.
그러나 조심하라 너희 자신도, 그렇지 않으면 너희도 또한 유혹될 수 있다.

위의 문장도 관계대명사 you 다음에 관계대명사 who가 붙어서 주어가 길어졌다. 그리고 주어가 긴 경우에는 반드시 주어인식을 해준다. 〈명령문, and/or S+ V〉가 나왔다. 해석은 '~해라 그러면(and)/그렇지 않으면(or) ~할 것이다'로 하면 된다.

8. For everything in the world-the cravings of sinful man,
대해서 모든 것 안에서 세상적 갈망 죄 많은 인간의

the lust of his eyes and the boasting of what he has
그 욕망 그의 눈의 그리고 그 자랑은 그것 그가 소유한

and does comes not from the Father but from the world.
행한 (그것은) 오지 않는다 부터 아버지로 바로 온다 부터 세상으로.

일단 〈For+명사〉 구조가 길게 나왔다. 주어는 the lust와 the boasting이다. 주어가 긴 경우에는 반드시 주어인식을 해준다. 〈Not only A but (also) B〉구조가 나왔다. 해석은 'A뿐만 아니라 B도'로 한다.

9. Therefore put on the full armor of God, so that when
그러므로 입어라 완전한 갑옷으로 하나님의, 그러면 그때

the day of evil comes, you may be able to stand
그 날 악한 (그것이) 올 때, 너희는 가능하다 서는 것이

your ground, and after you have done everything,
너희의 땅에 그리고 후에 너희가 행한 후에 모든 것을,

to stand.
서는 것이(굳건히).

〈so that+주어+may(can)+동사원형〉가 나왔는데 해석은 '그래서 ~하다'가 된다. may의 역할이 없다. NIV에서는 이런 사용이 일반적이다. 〈when+주어+동사〉가 나오고 주어 you가 나왔다.

10. Indeed he was ill, and almost died. But God
실로 그는 아팠다, 그리고 거의 죽다시피 했다. 그러나 하나님께서는

had mercy on him, and not on him only but also on me,
주셨다 자비를 그에게, 그리고 아니라 위에 그 뿐만 아니라 위에 나,

to spare me sorrow upon sorrow.
그리고 없애주셨다 나에게 슬픔을 계속되는.

〈Not only A but (also) B〉구조가 나왔다. 해석은 'A뿐만 아니라 B도'로 한다.

11. Through these he has given us his very great and
통해서 이것을 그는 주었다 우리에게 그의 매우 위대하고 그리고

precious promises, so that through them you may participate
소중한 약속들을, 그래서 통해서 그것들을 너희는 참여할 수 있다

in the divine nature and escape the corruption in
안에 그 신성한 성품에 그리고 피할 수 있다 그 타락을

the world caused by evil desires.
세상에서 야기된 의해서 악한 욕망으로.

these 다음에 관계대명사 that이 생략되었다. 〈so that+주어+may(can)+동사원형〉가 나왔는데 해석은 '그래서 ~하다'가 된다. may의 역할이 없다.

12. We continually ask God to fill you with
우리는 지속적으로 요청한다 하나님께서 채우시길 너희를 으로

the knowledge of his will through all the wisdom
지식으로 그의 '뜻의 통해서 모든 그 지혜와

and understanding that the Spirit gives so that you
그리고 이해를 성령이 주시는 그래서 너희는

may live a life worthy of the Lord and please
살 수 있다 삶을 가치 있는 주님으로 그리고 기쁘게 할 수 있다

him in every way.
그를 모든 면에서.

〈so that+주어+may(can)+동사원형〉가 나왔는데 해석은 '그래서 ~하다'가 된다. may의 역할이 없다.

DAY 19

General Review

무료강의

지금까지 배운 주요문법 장치들을 총정리하여 도표로 만들었다. 이 도표를 완벽히 이해하고 충분히 연습하여 자신의 것으로 만든다면 영어문법과 문장구조가 잡힌다. 그리고 영어성경을 쉽게 즐기면서 읽을 수 있게 된다. 이 책에서 설명하지 않은 문법들은 독해를 하다 보면 스스로 알게 되는 것들이다. 우리는 지금까지 스스로 알게 되는 것들을 너무 중요하게 여기며 공부했다.

단어들이 의미를 전달하는 **문장이 되려면 기본적으로 주어+동사 구조가 필요하다.** 그 후에는 아래 도표와 같이 5가지의 문법 장치에 의해서 길어진다. 이 다섯 가지 외에는 문장이 길어지는 경우가 거의 없기 때문에 충분히 해볼 만한 게임이 된다.

1) S+V: 영어문장의 핵심기본 구조

2) S+V+(아래의 도표): 아래 다섯 가지 문법 장치들이 붙으면

서 문장이 길어지고 복잡해진다.

	명사	형용사	부사
1. To 부정사(To+Rv)	○	○	○
2. 동명사	○	×	×
3. 분사(현재분사, 과거분사)	×	○	○
4. 관계대명사, 관계부사	×	○	×
5. 전치사구	×	○	○

1 **관계대명사의 종류:** who, which, that, what (=the thing which: 명사적 사용)

2 **관계부사의 종류:** when, where, why, how

1 명사적 사용 ❶ 주어 문장 맨 앞 / 해석 : 은, 는, 이, 가

❷ 목적어 동사 다음 / 해석 : 을, 를

❸ 보어: be 동사 다음 / 해석 : ~ 것, ~이다

2 형용사적 사용 ❶ 명사수식 명사 다음 / 해석 : ~는, ~던

❷ 보어 be 동사 다음 / 해석 : will, must, want

3 부사적 사용 ❶ 형용사 수식, 문장 전체 수식 해석 : 다양
❷ 사건의 2 진행 해석 : and로 한다

위의 표와 함께 명사, 형용사, 부사의 개념을 철저히 암기하면 어렵지 않게 영어문법 및 문장구조가 마스터된다. 이것을 충분히 연습하여 자신의 것으로 만들고, 독해할 때는 국어처럼 앞에서부터 순차적으로 해석을 한다면 어떤 문장을 만나도 쉽게 해석할 수 있다. 한 발 더 나아가 다양한 영어성경버전들도 쉽게 즐기면서 볼 수 있게 된다. 이것은 결코 백일몽이 아니다. 우리가 쉬지 않고 꾸준히 노력한다면 반드시 실현될 것이다.

PART 2

D－25일 NIV **실전**독해훈련

DAY 20

실전독해 NIV 1

무료강의

지금까지 배운 문법과 문장구조 파악훈련을 바탕으로 성경구절을 실전으로 해석해보는 시간을 갖는다. 실전 독해에 앞서 주요 기본 문법개념들이 제대로 숙지되었는지 점검해보아야 한다. 이것들이 확실하게 암기되지 않았다면 해석이 쉽게 되지 않고, 어렵게만 느껴질 것이다. 단어를 몰라서 독해가 되지 않은 이유가 아니라면, 십중팔구 명사, 형용사, 부사의 기본개념이 제대로 숙지되지 않았기 때문이다.

1. For since in the wisdom of God the world through its wisdom did not know him, God was pleased through the foolishness of what was preached to save those who believe. [1 Corinthians 1:21]

⇨ ____

____

____

______________________________________.

2. For it is we who are the circumcision, we who serve God by his Spirit, who boast in Christ Jesus, and who put no confidence in the flesh— though I myself have reasons for such confidence. [Philippians 3:3]

⇨ ____

____

____

______________________________________.

3. I appeal to you, brothers and sisters, in the name of our Lord Jesus Christ, that all of you agree with one another in what you say and that there be no divisions among you, but that you be perfectly united in mind and thought. [1 Corinthians 1: 10]

⇨ ____

____

____

____________________________________.

실전독해 해설 NIV 1

1. For since in the wisdom of God the world through
왜냐하면 지혜에서 하나님의 세상은 통한

its wisdom did not know him, God was pleased through
그 지혜를 (이것은)모르기 때문에 그를, 하나님은 기뻐하셨다 통한

the foolishness of what was preached to save those
그 어리석음을 그것의 전파되었던 구하기 위해서

who believe.
그 사람들은 믿는.

[1Corinthians 1:21]

여기서 For는 특별한 의미가 없다. 헬라어를 그대로 옮겨온 흔적이다. in the wisdom of God이 삽입되었다. 주어는 the world … its wisdom이다. 주어가 긴 경우에는 반드시 주어인식을 해준다.

2. For it is we who are the circumcision, we who serve God by
왜냐하면 바로 우리가 이기 때문에 할례, 우리는 섬기는 하나님을 으로

his Spirit, who boast in Christ Jesus, and who put no
그의 영으로, 자랑하는 그리스도 예수를, 그리고 두지 않는 어떤

confidence in the flesh — though I myself have reasons
확신도 육체에 — 비록 내가 가질지라도 이유들을

for such confidence.
위한 이런 확신을.

[Philippians 3:3]

It is ~ that 강조구문에서 강조어구가 사람이면 who가 올 수 있다. 이런 구조가 3번 나온 구조다. his Spirit다음의 who는 관계대명사의 who이다.

3. I appeal to you, brothers and sisters, in the name of our
나는 간청한다 너희에게, 형제들과 자매들, 안에서 그 이름 우리

Lord Jesus Christ, that all of you agree with one another
주 예수 그리스도의, 모든 너희들이 동의하길 서로서로

in what you say and that there be no divisions among you,
에서 그것 너희가 말한 그리고 없길 어떤 분열도 사이에서 너희들

but that you be perfectly united in mind and thought.
그러나 너희가 되길 완전하게 연합 에서 마음과 생각에서.

[1 Corinthians 1: 10]

원래는 I appeal that…인데 중간에 삽입구가 길게 온다. appeal의 목적어 that이 3개가 나오고 있다. 관계대명사 what은 전치사 in의 목적어이다.

DAY 21

실전독해 훈련 NIV 2

무료강의

1. In him we were also chosen, having been predestined according to the plan of him who works out everything in conformity with the purpose of his will, in order that we, who were the first to put our hope in Christ, might be for the praise of his glory. [Ephesians 1:11~12]

⇨ ______________________________

____

____

______________________________.

2. We always thank God, the Father of our Lord Jesus Christ, when we pray for you, 4because we have heard of your faith in Christ Jesus and of the love you have for all God's people— the faith and love that spring from the hope stored up for you in heaven and about which you have already heard in the true message of the gospel that has come to you. [Colossians 1:3~5]

⇨

3. The Lord's message rang out from you not only in Macedonia and Achaia—your faith in God has become known everywhere. Therefore we do not need to say anything about it, for they themselves report what kind of reception you gave us. They tell how you turned to God from idols to serve the living and true God, and to wait for his Son from heaven, whom he raised from the dead—Jesus, who rescues us from the coming wrath. [1 Thessalonians 1:8~10]

⇨ ____________________

____

____

____________________.

실전독해 해설 NIV 2

1. In him we were also chosen, having been predestined
안에서 그분 우리는 또한 선택받았다, 그리고 예정되었다

according to the plan of him who works out everything in
따라서 그 계획 그분의 실행하시는 모든 것을

conformity with the purpose of his will, in order that we,
일치하여 그 목적 그의 뜻, 하기 위해서 우리가

who were the first to put our hope in Christ, might be for
이었던 처음 두었던 우리의 소망을 에 그리스도 (우리가) 되기 위해서

the praise of his glory.
그 찬양이 그의 영광의.

[Ephesians 1:11~12]

위 구절도 NIV에서 가장 어려운 문장 중에 하나이다. 하지만 이것도 우리가 배운 대로 하면 해석뿐만 아니라 이런 문장을 우리도 만들 수 있다. 명사만 있으면 관계대명사를 자유자재로 사용하고 있다. Everything is in the room with him과 Everything is in conformity with purpose와 비교해 보라. 이렇게 하면 우리는 더 이상 많은 문구를 숙어로 암기할 필요가 없다. 필자의 이런 teaching이 빛을 보길 간절히 기원한다. 〈put A 전치사 B〉 구조

가 나왔다.

2. We always thank God, the Father of our Lord Jesus Christ,
우리는 항상 감사한다 하나님께, 아버지 우리 주 그리스도 예수의

when we pray for you, because we have heard of
그때 우리가 기도할 (때) 위해서 너희를, 왜냐하면 우리가 들었기 (때문에)

your faith in Christ Jesus and of the love you have for
너희의 믿음을 안에서 그리스도 예수 그리고 그 사랑을 너희가 가진 위해서

all God's people-the faith and love that spring from the hope
모든 하나님의 사람을— 그 믿음과 사랑은 솟아나는 부터 그 소망

stored up for you in heaven and about which you have
쌓인 위해서 너희를 하늘에 그리고 너희가

already heard in the true message of the gospel
이미 들었던 에서 그 진실한 메시지 복음의

that has come to you.
왔던 에게 너희.

[Colossians 1:3~5]

위 문장을 보면 영어가 철저히 앞에서부터 영작되고 있음을 알 수 있다. 이런 문장은 절대로 뒤부터 중간부터 올라오는 해석으로

는 독해가 되지 않는다. 〈접속사+주어+동사〉를 해석할 때는 먼저 접속사 해석을 하고 동사부분에서 한 번 더 해주면 더욱 정확한 해석이 된다.

3. The Lord's message rang out from you not only
주님의 메시지는 울렸다 부터 너희들 뿐만 아니라

in Macedonia and Achaia—your faith in God has become
마게도냐와 아가야에서 — 너희의 믿음이 안에 하나님 (이것이) 되었다

known everywhere. Therefore we do not need to say
알려지게 모든 곳에. 그러므로 우리는 필요하지 않다 말하는 것이

anything about it, for they themselves report what kind of
어떤 것도 관해서 그것, 왜냐하면 그들이 보고하기 (때문에) 어떤 종류의

reception you gave us. They tell how you turned
응접을 너희가 주었는지를 우리에게 그들은 말한다 어떻게 너희가 돌아섰는지를

to God from idols to serve the living and true God,
하나님께 부터 우상들 그리고 섬기는지 살아계시고 진정한 하나님을

and to wait for his Son from heaven, whom he raised from
그리고 기다리는지를 그의 아들을 부터 하늘, 그가 살리셨던 부터

the dead—Jesus, who rescues us from the coming wrath.
죽은 자들 —즉, 예수님을   구원하시는 우리를 부터   그 다가올   분노

[1 Thessalonians 1:8~10]

겁먹지 말고 우리가 배운 대로 앞에서부터 한 단어 씩 해석하면 된다. 주어가 2단어 이상이면 주어인식을 해준다. 주어가 사람이면 '이 사람은' 사물이면 '이것은'이라고 하면 된다. 문장이 복잡해질수록 주어를 인식을 해주는 것이 매우 중요하다. 〈접속사+주어+동사〉를 해석할 때는 먼저 접속사 해석을 하고 동사부분에서 한 번 더 해주면 더욱 정확한 해석이 된다.

DAY 22

실전독해 훈련 NIV 3

무료강의

1. And we also thank God continually because, when you received the word of God, which you heard from us, you accepted it not as a human word, but as it actually is, the word of God, which is indeed at work in you who believe [1 Thessalonians 2:13]

⇨ ____

____

____

_______________________________________.

2. On the contrary, we speak as those approved by God to be entrusted with the gospel. We are not trying to please people but God, who tests our hearts. You know we never used flattery, nor did we put on a mask to cover up greed—God is our witness. [1 Thessalonians 2:4~5]

⇨ ____

____

____

______________________________.

3. But now he has reconciled you by Christ's physical body through death to present you holy in his sight, without blemish and free from accusation— if you continue in your faith, established and firm, and do not move from the hope held out in the gospel. This is the gospel that you heard and that has been proclaimed to every creature under heaven, and of which I, Paul, have become a servant. [Colossians 1:22~23]

⇨ ____

____

____

______________________________________.

실전독해 해설 NIV 3

1. And we also thank God continually because, when you
그리고 우리는 또한 감사한다 하나님께 지속적으로 왜냐하면, 그때 너희가

received the word of God, which you heard from us, you
받았을 (때) 그 말씀을 하나님의 너희가 들었던 부터 우리들, 너희가

accepted it not as a human word, but as it actually
받았기 (때문에) 그것을 아니라 로서 인간의 말, 바로 로서 그것이 실제로

is, the word of God, which is indeed at work in
되는, 말씀이 하나님의, 참으로 일하는 안에서

you who believe
너희들 믿는

[1 Thessalonians 2:13]

위 구절은 〈접속사+주어+동사〉를 해석하는 것이 중요하다. 이런 문장을 해석할 때는 접속사 해석을 하고 동사부분에서 한 번 더 해주면 정확한 해석이 된다. 〈not A but B〉의 구조도 나오고 있다. 해석은 'A가 아니라 바로 B다'로 한다.

2. On the contrary, we speak as those approved by God
대조적으로, 우리는 말한다 로서 사람들 인정받는 하나님께

to be entrusted with the gospel. We are not trying
그리고 위임받은 복음을. 우리는 애쓰지 않는다

to please people but God, who tests our hearts.
기쁘게 하는 것을 사람을 바로 하나님을, 시험하시는 우리의 마음을.

You know we never used flattery, nor did we put on
너희는 안다 우리가 결코 사용하지 않는 것을 아첨을, 또한 우리가 쓰지 않는

a mask to cover up greed —God is our witness.
것을 가면을 덮기 위해서 욕심을 —하나님이 우리의 증인이기 때문에.

[1 Thessalonians 2:4~5]

〈not A but B〉의 구조도 나오고 있다. 해석은 'A가 아니라 바로 B다'로 한다. 그리고 but 다음에 to please가 생략되어 있다.

3. But now he has reconciled you by Christ's physical body
그러나 지금 그는 화해시킨다 너를 로서 그리스도의 육체로서

through death to present you holy in his sight,
통해서 죽음을 그리고 보여 주신다 너희가 거룩하다고 에서 그의 시각,

without blemish and free from accusation — if you
없고 흠이 그리고 자유롭다고 부터 고소로 만약 너희가

continue in your faith, established and firm, and do not
지속한다면 에서 너희 믿음, 확고하고 견고한 그리고 하지 않으면

move from the hope held out in the gospel. This is the
움직이지 부터 그 소망 지속된 에서 복음. 이것은 이다 그

gospel that you heard and that has been proclaimed to every
복음 너희가 들은 그리고 선포된 에게 모든

creature under heaven, and of which I, Paul, have become a
창조물에 아래 하늘, 그리고 나, 바울이, 되었던

servant.
종이.

[Colossians 1:22~23]

해석을 앞에서부터 순차적으로 하나씩 해 나가면 문장이 보일 것이다. 이런 문장 구조는 헬라어 원문 성경을 바로 영어로 옮겨

놓은 느낌을 준다. 〈if you continue in your faith, established and firm, and do not move …〉 이 문장이 좀 어렵게 보인다. in your faith는 삽입구이고, established and firm는 앞의 명사 your faith를 수식하고 있다. 수식이 길어서 뒤로 몰았다.

DAY 23

실전독해 훈련 NIV 4

무료강의

1. They forbid people to marry and order them to abstain from certain foods, which God created to be received with thanksgiving by those who believe and who know the truth. 4For everything God created is good, and nothing is to be rejected if it is received with thanksgiving, because it is consecrated by the word of God and prayer. [1 Timothy 4: 3~5]

⇨ ______________________________

____

____

______________________________.

2. It teaches us to say "No" to ungodliness and worldly passions, and to live self-controlled, upright and godly lives in this present age, while we wait for the blessed hope—the appearing of the glory of our great God and Savior, Jesus Christ, 14who gave himself for us to redeem us from all wickedness and to purify for himself a people that are his very own, eager to do what is good. [Titus 2: 12~14]

⇨ ____

____

____

____________________________________.

3. We must pay the most careful attention, therefore, to what we have heard, so that we do not drift away. 2For since the message spoken through angels was binding, and every violation and disobedience received its just punishment, 3how shall we escape if we ignore so great a salvation? This salvation, which was first announced by the Lord, was confirmed to us by those who heard him. [Hebrews 2:1~3]

⇨ ______________________________

____

____

______________________________.

실전독해 해설 NIV 4

1. They forbid people to marry and order them to abstain
그들은 금지했다 사람들이 결혼하는 것을 그리고 명령하였다 그들이 삼가 할 것을

from certain foods, which God created to be received with
어떤 음식들을, 하나님이 창조했던 받도록

thanksgiving by those who believe and who know the truth.
감사를 의해서 사람들 믿는 그리고 아는 진리를.

For everything God created is good, and
왜냐하면 모든 것은 하나님이 창조한 (그것은) 좋고, 그리고

nothing is to be rejected if it is received
어떤 것도 되지않기 때문에 거절당하지 만약에 그것이 받는다면

with thanksgiving, because it is
감사를, 왜냐하면 그것은

consecrated by the word of God and prayer.
신성해지기 (때문에) 의해서 그 말씀 하나님의 그리고 기도로.

[1 Timothy 4: 3~5]

5형식동사들이 나오고 있다. 관계대명사를 단순하게 형용사로 보고 동사부분을 '는, 던'으로 해석해 가면 관계대명사가 아무리

많이 나와도 쉽게 처리 할 수 있다.

2. It teaches us to say "No" to ungodliness
그것은 가르쳐준다 우리가 말하도록 "아니오" 라고 부도덕함에

and worldly passions, and to live self-controlled, upright and
그리고 세상적 열정에, 그리고 살도록 절제적인, 올바르고,

godly lives in this present age, while we wait for the blessed
거룩한 삶을 에서 이런 현재의 세대에서, 반면에 우리는 기다린다 그 은혜로운

hope — the appearing of the glory of our great God
소망을 — 그 나타나심을 그 영광의 우리의 위대한 하나님과

and Savior, Jesus Christ, who gave himself for us
구주, 예수 그리스도의, 주었던 그 자신을 위해서 우리를

to redeem us from all wickedness and to purify for himself
구속하시려 우리를 부터 모든 사악함 그리고 깨끗케 하려고 스스로

a people that are his very own, eager to do what is good.
사람들을 되는 그의 바로 소유가, 열심인 하는 것을 그것을 선한 일들.

[Titus 2: 12~14]

teaches는 5형식 동사이며 목적격 보어 to say …와 to live … 두 개를 가지고 있다. To부정사 앞의 for+목적어는 의미상의 주

어다. 그런에 여기서는 아니다. 여기서는 for us가 원래 의미다. 해석은 단순히 '위해서 우리를'이다.

3. We must pay the most careful attention, therefore,
우리는 반드시 해야 한다 가장 조심스러운 집중을, 그러므로,에

to what we have heard, so that we do not drift away.
그것에 우리가 들은, 그러면 우리는 않는다 표류하지.

For since the message spoken through angels was binding,
왜냐하면 그 메시지는 말해진 통해서 천사들을 (그것은) 구속력이 있었고,

and every violation and disobedience received its just
그리고 모든 폭력과 불순종은 받았기 때문에 그것의 정당한

punishment, how shall we escape if we ignore
심판을, 어떻게 우리는 피할 것인가 만약에 우리가 무시한다면

so great a salvation? This salvation, which was first
그런 위대한 구원을? 이 구원, 처음으로

announced by the Lord, was confirmed to us by
예고된 의해서 주님, (이것은) 확증되었다 우리에게 의해서

those who heard him.
사람들 들었던 그의 말씀을.

[Hebrews 2:1~3]

관계대명사 what는 명사로서 주어, 목적어, 보어로 사용된다. 여기서는 전치사 to의 목적어로 사용되었다. 주어가 길게 나오는 문장이 두 개 있다. 이런 경우는 반드시 주어인식을 해주어야 한다.

DAY 24

실전독해 훈련 NIV 5

무료강의

1. Therefore, since the promise of entering his rest still stands, let us be careful that none of you be found to have fallen short of it. For we also have had the good news proclaimed to us, just as they did; but the message they heard was of no value to them, because they did not share the faith of those who obeyed. [Hebrews 4:1~2]

⇨ ______________________________

____

____

______________________________.

2. Listen, my dear brothers and sisters: Has not God chosen those who are poor in the eyes of the world to be rich in faith and to inherit the kingdom he promised those who love him? But you have dishonored the poor. Is it not the rich who are exploiting you? Are they not the ones who are dragging you into court? [james 2:5~6]

⇨ ____

____

____

____________________________________.

3. My prayer is not for them alone. I pray also for those who will believe in me through their message, 21that all of them may be one, Father, just as you are in me and I am in you. May they also be in us so that the world may believe that you have sent me. I have given them the glory that you gave me, that they may be one as we are one. [John 17:20~22]

⇨ ____

____

____

______________________________________.

실전독해 해설 NIV 5

1. Therefore, since the promise of entering his rest still
그러므로, 왜냐하면 그 약속은 들어가는 그의 안식에 (이것은) 여전히

stands, let us be careful that none of you be found to have
유효하기 (때문에) 하자 조심하도록 누구도 너희의 보여지도록 않도록

fallen short of it. For we also have had the good news
부족함이 그것에. 우리는 또한 가졌다 좋은 소식을,

proclaimed to us, just as they did; but the message
선포된 우리에게, 마치 그들이 했던 것처럼; 그러나 그 메시지는

they heard was of no value to them, because they
그들이 들었던(그것은) 없었다 어떤 가치도 에게 그들, 왜냐하면 그들은

did not share the faith of those who obeyed.
나누지 않았기(때문에) 그 믿음을 사람들의 순종했던.

[Hebrews 4:1~2]

이번 구절도 주어가 길게 나오는 문장들이 있다. 반드시 주어인식을 해주자. 그리고 〈접속사+주어+동사〉를 해석할 때는 먼저 접속사 해석을 하고 동사부분에서 한 번 더 해주면 더욱 정확한 독해가 된다.

2. Listen, my dear brothers and sisters: Has not God chosen
들어라, 나의 친애하는 형제들과 자매들이여: 하나님이 선택하지 않았는가

those who are poor in the eyes of the world to be rich
사람들을 가난한 그 눈으로 세상의 그리고 되도록 부자가

in faith and to inherit the kingdom he promised
에서 믿음 그리고 상속받도록 그 왕국을 그가 약속했던

those who love him? But you have dishonored the poor.
사람들을 사랑한 그를? 그러나 너희는 모욕했다 가난한 사람들을.

Is it not the rich who are exploiting you? Are they not
그것은 아닌가 부자들이 이용하고 있는 너희를? 그들이 아닌가

the ones who are dragging you into court?
그 사람들 끌어내는 너희를 법정으로?

[james 2:5~6]

위 구절은 관계대명사가 많이 나오고 있다. 관계대명사를 단순히 형용사로 간주하고 동사부분을 '는, 던'으로 해석하면 아무리 많이 나와도 쉽게 독해가 된다. 문장이 계속되면서 갑자기 To부정사가 나오면 부사적 사용으로 간주하고 해석을 〈and+동사〉로 하면 된다.

3. My prayer is not for them alone. I pray also for
나의 기도는 아니다 위한 그들만을. 나는 기도한다 또한 위해서

those who will believe in me through their message,
사람들 믿을 나를 통해서 그들의 메시지,

that all of them may be one, Father, just as you are
모두 그들이 아마도 되길 하나가, 아버지, 마치 당신이 있는 것처럼

in me and I am in you. May they also be in us so that
내안에 그리고 내가 당신 안에. 그들이 또한 있길 안에 우리 그래서

the world may believe that you have sent me.
세상이 알도록 당신이 보낸 것을 나를.

I have given them the glory that you gave me,
나는 주었습니다 그들에게 영광을 당신이 주었던 나에게,

that they may be one as we are one.
그래서 그들은 될 것입니다 하나가 처럼 우리가 하나인 것처럼.

[John 17:20~22]

위의 구절 말고도 대부분의 구절이 〈those who+동사 … 〉를 가지고 있다. those는 선행사로서 '사람들'로 해석되고 who는 관계대명사로 those를 수식한다. 앞으론 〈those who+동사 … 〉전체를 명사로 보고 주어, 목적어, 보어로 사용하면 된다.

DAY 25

실전독해 훈련 NIV 6

무료강의

1. For you granted him authority over all people that he might give eternal life to all those you have given him. Now this is eternal life: that they know you, the only true God, and Jesus Christ, whom you have sent. I have brought you glory on earth by finishing the work you gave me to do. And now, Father, glorify me in your presence with the glory I had with you before the world began. [John 17:2~5]

⇨ ____

____

____

____________________________________.

2. Anyone who listens to the word but does not do what it says is like someone who looks at his face in a mirror and, after looking at himself, goes away and immediately forgets what he looks like. But whoever looks intently into the perfect law that gives freedom, and continues in it—not forgetting what they have heard, but doing it—they will be blessed in what they do. [James 1:23~25]

⇨ ____

____

____

____.

3. Concerning this salvation, the prophets, who spoke of the grace that was to come to you, searched intently and with the greatest care, trying to find out the time and circumstances to which the Spirit of Christ in them was pointing when he predicted the sufferings of the Messiah and the glories that would follow. [1 Peter 1:10~11]

⇨ ____

____

____

______________________________________.

실전독해 해설 NIV 5

1. For you granted him authority over all people that
당신이 부여했기 그에게 권위를 대한 모든 사람들

he might give eternal life to all those you have given him.
그가 주었던 영생을 에게 모든 사람들 당신이 준 그에게.

Now this is eternal life: that they know you, the only
이제 이것은 영생입니다: 그것은 입니다 그들이 아는 당신을, 유일하고

true God, and Jesus Christ, whom you have sent.
진실한 하나님, 그리고 예수그리스도를, 당신이 보낸,

I have brought you glory on earth
나는 드렸습니다 당신에게 영광을 이 땅에서

by finishing the work you gave me to do. And now,
끝냄으로서 그 일을 당신이 주었던 네게 하도록. 그리고 지금,

Father, glorify me in your presence with the glory I had
아버지, 영화롭게 하소서 나를 당신의 임재 안에서 영광으로 제가 가졌던

with you before the world began.
함께 당신과 전에 세상이 시작되기.

[John 17:2~5]

첫 줄의 For는 특별한 의미가 없다. 헬라어 원문을 그대로 영어

로 옮겨 놓은 흔적일 것이다. 위의 구절은 생략된 관계대명사 that이 많이 나오고 있다. 명사 다음에 아무것도 없는데 갑자기 〈주어+동사〉가 나오면 관계대명사 that이 생략되어 있는 것이다.

2. Anyone who listens to the word but does not do what it
누구든 듣는 말씀을 그러나 행하지 않는 그것을 이것이

says is like someone who looks at his face in a mirror
말하는 것을(이사람은) 같다 어떤 사람 보는 그의 얼굴을 거울에

and, after looking at himself, goes away and
그리고, 후에 본 그 자신을(이 사람이) 가버리는 것처럼 그리고

immediately forgets what he looks like. But whoever looks
즉시 잃어버리는 어떻게 그가 생겼는지를. 그러나 누구든지 보는

intently into the perfect law that gives freedom,
의도적으로 그 온전한 율법을 주는 자유를,

and continues in it—not forgetting
그리고 지속적으로 하는 그렇게 — 아니라 잃어버리는 것이

what they have heard,
그것을 그들이 들었던 것을

but doing it — they will be blessed in what they do.
바로 행하는 그것을 — 그들은 복 받을 것이다 그것에 그들이 하는.

[James 1:23~25]

위의 구절은 주어가 길게 나오는 두 문장을 해결하면 쉽게 해석이 되지만 그렇지 않으면 아주 어려운 문장이 된다. 이런 경우 주어인식은 매우 중요한 의미는 갖는다.

3. Concerning this salvation, the prophets, who spoke of the
생각 할 때 이 구원을, 그 선지자들은 말했던 그

grace that was to come to you, searched intently and
은혜를 왔던 너희에게(이들은) 찾았다 의도적으로 그리고

with the greatest care, trying to find out the time and
가지고 가장 큰 관심으로, 시도했다 찾아내길 그 시간과

circumstances to which the Spirit of Christ in them
환경을 그 영 그리스도의 그들 안에 (그 영이)

was pointing when he predicted the sufferings
가리켰던 그때 그가 예언했을 (때) 그 고통을

of the Messiah and the glories that would follow.
메시야의 그리고 그 영광을 잇따르는.

[1 Peter 1:10~11]

Concerning…은 분사구문이다. 해석은 〈When, Because, 처럼, Though〉 중에 하나를 선택해서 하면 된다. 그런데 대부분이 When이다. 위의 구절도 주어인식이 중요하다. 어려운 문장은 주어가 길게 나오는 구조라는 것을 알았을 것이다.

이 책만 읽으면 나도 NIV성경을 읽을 수 있다

초판 1쇄 인쇄 2017년 12월 5일 **초판 1쇄 발행** 2017년 12월 10일

지은이 국영호
펴낸이 김영진
펴낸곳 성서원
주소 경기도 고양시 덕양구 덕은로 60-12 우) 412-170

전화 02-765-0011~7
팩스 02-743-6811
성서원 홈페이지 www.biblehouse.co.kr
성서원 북카페 http://cafe.naver.com/biblehouse1972

출판등록일 1997년 7월 8일 (제300-1997-79호)
ISBN 979-89-360-2178-8 03230